W0226631

Tavuk Suyuna Ç...
Annelerin Yüreğini Isıtacak Öyküler
Hakkında Söylenenler...

"Anneler olarak bizlerin alacağı en güzel armağan, yalnız olmadığımızı bilmektir! *Tavuk Suyuna Çorba - Annelerin Yüreğini Isıtacak Öyküler* bunu, yüreğinizde bir yerlere dokunarak ve size anneliğin gerçek anlamını anımsatarak başarıyor."

Marilyn Kentz ve Caryl Kristensen

"Kadın olmanın gururunu yaşatan, ağlatırken güldüren, sıcacık bir kitap."

Kim Alexis
model

"Anne ve çocuk arasındaki eşsiz güzelliği dile getiren öykülerin için teşekkürler sana *Tavuk Suyuna Çorba - Annelerin Yüreğini Isıtacak Öyküler*. Bakış açınız bizlere yaşamda en çok neyin önemli olduğunu bir kez daha anımsatıyor."

Susan N. Hickenlooper
Amerikalı Anneler Derneği Başkanı
Anneler Günü ve Yılın Annesi'nin resmi sponsoru

"Oturup *Tavuk Suyuna Çorba - Annelerin Yüreğini Isıtacak Öyküler*'i okumak gerçekten de bir ayrıcalık! Öyküler çok güçlü, yürekleri ısıtıyor ve insana yaşam gücü veriyor. Her öykü bana anne ve çocuk arasındaki sevginin gücünü ve derinliğini anımsattı."

Alison Schwandt
plânlamacı

"*Tavuk Suyuna Çorba - Annelerin Yüreğini Isıtacak Öyküler* hiçbir kitabın başaramadığı kadar sizi güldürecek, ağlatacak ve yüreğinizi ısıtacak, çünkü bu kitap ilişkilerin en değerlisi olan anne çocuk ilişkisi hakkında."

Anne Jordan
Aileler ve Çocuklar Derneği Başkanı

"Yaşamımdaki en büyük başarımın iki kızıma ve iki oğluma annelik yapmam olduğuna inanıyorum. *Tavuk Suyuna Çorba - Annelerin Yüreğini Isıtacak Öyküler*'de yer alan öyküleri ne zaman okusam gülüyorum, ağlıyorum ve yüreğimi dolduran sıcacık anılarıma dönüyorum."

Patricia Lorenz
yazar, konuşmacı
Stuff That Matters for Single Parents ve *Parents, 365 Down-to Earth Daily Devotions* adlı kitapların yazarı

"*Tavuk Suyuna Çorba - Annelerin Yüreğini Isıtacak Öyküler*, hem anneliğin zevklerini ve fedakârlıklarını hoş bir biçimde anımsatan, hem de sevginin ne anlama geldiğini bilen annelerin yerinin çok önemli olduğunu vurgulayan bir kitap."

Rahibe Melissa Bowers

"*Tavuk Suyuna Çorba - Annelerin Yüreğini Isıtacak Öyküler*'de anne ile çocuk arasındaki doğumla başlayıp, yaşam boyu süren derin ve hoş uyum çok güzel dile getiriliyor."

Dr. Melanie Brown
*Bebeğim Derneği*nin başkanı ve kurucusu

"Büyükanneler de *Tavuk Suyuna Çorba - Annelerin Yüreğini Isıtacak Öyküler* sayesinde yaşamları boyu üstlendikleri rolün tadını çıkaracaklar. Bu kitap anne olan ve bir zamanlar annesi olan herkes için bir esin kaynağı."

Dr. Lillian Carson
The Essential Grandparent: A Guide to Making a Difference adlı kitabın yazarı

"*Tavuk Suyuna Çorba - Annelerin Yüreğini Isıtacak Öyküler* dünyadaki en değerli ve en büyük gücün, anne ile çocuğu arasındaki sevginin bir kanıtı. Bu öyküler, aynı bir annenin yaptığı gibi yüreğinizi ısıtacak."

Karan Ihrer
Doğum Eğitmeni

TAVUK SUYUNA ÇORBA – ANNELERİN YÜREĞİNİ ISITACAK ÖYKÜLER

Annelerin yüreklerini ısıtacak 75 öykü

Jack Canfield
Mark Victor Hansen
Jennifer Read Hawthorne
Marci Shimoff

Çeviren: *Gülder Tümer*

HYB Yayıncılık

HYB Yayıncılık 077
ESİN KAYNAKLARI DİZİSİ 05

TAVUK SUYUNA ÇORBA: ANNELERİN YÜREĞİNİ ISITACAK ÖYKÜLER
Jack Canfield, Mark Victor Hansen, Jennifer Read Hawthorne, Marci Shimoff

Özgün adı:
Chicken Soup for the Mother's Soul
© 1997 Jack Canfield, Mark Victor Hansen, Jennifer Read Hawthorne, Marci Shimoff

Published by arrangement with HEALTH COMMUNICATIONS, INC.,
Deerfield Beach, Florida, USA
All rights reserved including the right of reproduction in whole or in part in any form.

Bu kitabın Türkçe yayın hakları HYB Yayıncılık'a aittir.
© HYB Yayıncılık, Ankara, 2002
Yayıncının yazılı izni olmadan kısmen ya da tamamen hiçbir yolla çoğaltılamaz.

HYB Yayıncılık, Ankara 2002
ISBN 975-300-002-2

HYB Yayıncılık
Bilkent Plaza A3 Blok 21-24
Bilkent, 06533 Ankara
Tel: (312) 266 55 66
Faks: (312) 266 55 77

MedicoGraphics *ofset baskı tesislerinde basılmıştır.*

MedicoGraphics Matbaası
İvedik Organize Sanayi Bölgesi
Hasemek Sanayi Sitesi
22. Cadde, 684. Sokak, 9
İvedik, 06370 Ankara
Tel: (312) 395 39 10

Annelere Övgü

Bana yaptığın önderlik, şu ana kadar yaptıklarımı ve tüm yapacaklarımı, tahmin edemeyeceğin boyutlarda etkiledi.

Ruhun benliğimde silinmez bir iz bıraktı.

İşte bu nedenle tüm başarılarımın ve olduğum kişinin bir parçası da sensin.

Komşuma yardım ettiğim zaman, senin yardım elinin de bana uzandığını biliyorum.

Bir arkadaşımın acısını hafiflettiğim zaman, onun borcu bana değil, sanadır.

Bir çocuğa davranışlarım ya da sözlerimle doğru yolu gösterdiğim zaman,

Senin de bir zamanlar benim öğretmenim olduğunu anımsıyorum.

Yaptığım her şey senden öğrendiğim değerleri yansıttığı için, düzelttiğim her hata, umut verdiğim her yürek, paylaştığım her özelliğim ya da kaldırabildiğim her engel, sana bir tür övgüdür.

Bana yaşam, daha da önemlisi nasıl yaşamam gerektiği hakkında ders verdiğin için, dünya üzerinde geçirdiğim süre içindeki her tür başarımın kaynağı sensin.

Annem, sen, sen olduğun ve ben, ben olduğum için sana teşekkür ederim.

David L. Weatherford

Bu kitabı, gösterdikleri sevgi ve rehberlikleri yaşamlarımızın temel taşını oluşturan annelerimiz Ellen Taylor'a, Una Hansen'a, Maureen Read'e ve Louis Shimoff'a sevgilerimizle ithaf ediyoruz.

Bu kitabı, ayrıca sevgi dolu ellerinin ve yüreklerinin dokunduğu her şeyi iyileştiren, dünyanın her yerindeki tüm annelere ithaf ediyoruz.

ANNENİN
TAVUK SUYUNA
ÇORBASI
İÇİNDEKİLER
• TAVUK
• TAVUK SUYU
• ÇOKÇA SEVGİ
DaveCarpenter...

İçindekiler

9. BÜYÜKANNELERİN SEVGİSİ ÜZERİNE

10. TEŞEKKÜRLER, ANNECİĞİM

Teşekkür

Tavuk Suyuna Çorba - Annelerin Yüreğini Isıtacak Öyküler'in toparlanması, yazılması ve redaksiyonu bir yıldan daha uzun bir süre aldı. Hepimiz için bir sevgi emeği işiydi. Bu kitabın ortaya çıkmasının en büyük zevklerinden biri, bu projeye sadece zamanlarını ve dikkatlerini değil, yüreklerini de veren insanlarla birlikte çalışmak oldu. Yardımları sayesinde bu kitabın ortaya çıkması mümkün olan aşağıda adlarını okuyacağınız bu insanlara katkıları ve fedakârlıkları için teşekkür etmek istiyoruz:

Bu proje boyunca bizlerden sevgilerini ve yardımlarını esirgemeyen ailelerimiz. Onlar, tavuk suyuna çorba gibi ısıttılar hep yüreklerimizi!

Bizlerden hiç esirgemediği sevgisi, zerafeti ve mükemmel bir Anne örneği olması nedeniyle Georgia Noble.

Bizlerle masumiyetini, resimlerini, şarkılarını, aktörlük gücünü ve sonsuz sevgisini paylaşan Christopher Noble Canfield.

Dünyanın en sevgi dolu iş ve yaşam arkadaşı olmanın yanı sıra, olağanüstü bir anne olan Patty Hansen.

Yaşam ve öğrenme konusunda üstün zekâsı, sevgi dolu yüreği ve neşesiyle Elisabeth Day.

Sonsuz neşesi, hiç kimseden esirgemediği yardımları ve canlı kişiliğiyle Melanie Dawn Hansen.

Yardımlarıyla bizleri her zaman ayakta tutan Dan Hawthorne. Hiç yitirmediğin espri anlayışın ve yaşamın önemini her an bizlere anımsattığın için sana teşekkürler.

Sonsuz sabırları nedeniyle Amy ve William Hawthorne.

Koşulsuz anne sevgisinin en güzel örneği olduğu için Maureen H. Read.

Hiç esirgemedikleri yardımları ve sevgi dolu yürekleri ve yeryüzündeki en iyi anne baba oldukları için Louis ve Marcus Shimoff.

Anneliğin en güzel örneği olan Jeanette Lisefski. Kendisi sadece olağanüstü bir eş ve anne değil, aynı zamanda yaşamlarımızdaki en büyük destektir. Bu projeyi fedakârca ve içtenlikle, tüm yaratıcı gücünü ve sevgisini kullanarak başından itibaren destekledi. Hep yanımızda olduğun için teşekkürler. Sen olmasaydın her şey bu kadar güzel olmazdı.

Tavuk Suyuna Çorba - Annelerin Yüreğini Isıtacak Öyküler'in içinde yer alan öykülerin okunması ve araştırılması aşamasında olağanüstü bir iş çıkaran Elinor Hall. Verdiğin desteği, gösterdiğin sevgi ve dostluğu takdir ediyoruz.

Bu kitabın araştırılması, yazılması ve redaksiyonunun yapılması sırasındaki katkıları nedeniyle Carol Kline. Bu projeye katkıların ve dostluk anlayışın için sonsuz teşekkürler.

Bu projeye ve bizlere gösterdiği özen ve sevgi nedeniyle Amsheva Miller. Sana müteşekkiriz.

En başından itibaren bu kitabın değerini takdir eden Peter Vegso ve Gary Seidler. Bu kitabın milyonlarca okura ulaşması için gösterdiğiniz çabaya teşekkürler.

Yardımlarına gereksinim duyduğumuz her an yanımızda varlığını hissettiğimiz Patty Aubrey. Bu kitabın çalışmaları boyunca ofiste düzeni sağladığın, öykülerin taranmasından, bilgisayarda çıkan sorunlara kadar her şeyin üstesinden geldiğin için yürekten sevgiler.

Bizler için çok değerli olan düşüncelerini bizden esirgemediği ve öykülerin, şiirlerin ve karikatürlerin izinlerinin alınmasında özveriyle çalıştığı için Nancy Mitchell. Teşekkürler

Nancy!

Bu kitabın başeditörü Heather McNamara. Okurların değerlendirmelerini koordine ettiğin, Internet araştırmalarını üstlendiğin ve böylesine güzel bir esere büyük emek döktüğün için sonsuz teşekkürler. Seninle çalışmak büyük zevkti!

Bu kitabın idari editörü Kimberly Kirberger. Yaptığın değerlendirmeler, bulduğun öykü ve karikatürler ve gösterdiğin özen için teşekkürler. Bu kitabın tamamlanmasında gösterdiğin çabalara ve moral desteğine her zaman minnettarız.

Jack'in bürosunda her şeyin düzenli işlemesini sağlayan Veronica Romero ve Leslie Forbes.

Proje boyunca iletişim ağının düzenli işlemesini sağlayan Rosalie Miller. Güleryüzün ve verdiğin cesaret her günümüze ışık saçtı.

Jack'in seyahatlerinin, konuşmalarının, radyo ve televizyon tanıtımlarının koordinasyonunu mükemmel şekilde yapan Teresa Esparza.

Sağlık İletişim Merkezi'ndeki editörlerimiz Christine Belleris, Matthew Diener ve Allison Janse. Kitabın bu denli mükemmel bir yapıt olmasındaki katkıları nedeniyle teşekkürler.

Bu kitabın Sağlık İletişim Merkezi'ndeki yöneticisi Randee Goldsmith. Tavuk Suyuna Çorba projelerinin tümündeki mükemmel koordinasyonu ve bu projelere verdiği büyük destek için teşekkürler.

Pazarlama konusundaki çok önemli katkıları nedeniyle Sağlık İletişim Merkezi'nden Terry Burke, Kelly Johnson Maragni, Karen Baliff Ornstein, Kim Weiss ve Ronni O'Brien.

Bu kitabın kapak tasarımında bizlerle büyük bir sabır ve özveriyle çalışan Sağlık İletişim Merkezi'nden Andrea Perrine Brower.

Halkla ilişkiler konusundaki mükemmel çalışmaları, düzenledikleri imza günleri ve radyo ve televizyon röportajları için

Arielle Ford, Peg Clark, Laura Booth ve Ford Grubundaki herkes.

Pek çok öykünün redaksiyonunda çıkardıkları mükemmel iş nedeniyle Sharon Linnea ve Eileen Lawrence.

Ayrıca, bu kitabın ilk çalışmalarını okuyan, son seçimlerin yapılmasında bizlere yardımcı olan ve çok değerli yorumlarda bulunan aşağıdaki isimlere de teşekkür etmek istiyoruz: Patty Aubrey, Diana Chapman, Linda DeGraaff, Teresa Esparza, Leslie Forbes, Kelly Foreman, Mary Gagnon, Randee Goldsmith, Elinor Hall, Ciel Halperin, Jean Hammond, Melba Hawthorne, Kimberly Kirberger, Carol Kline, Robin Kotok, Nancy Leahy, Laverne Lingler, Jeanette Lisefski, Barbara McLoughlin, Heather McNamara, Barbara McQuaid, Rosalie Miller, Nancy Mitchell, Holly Moore, Sue Penberthy, Maureen H. Read, Wendy Read, Carol Richter, Loren Rose, Heather Sanders, Marcus ve Louise Shimoff, Karen Spilchuk ve Carolyn Strickland.

Bu kitaba verdikleri destek nedeniyle Diana Chapman, Patricia Lorenz ve Jean Brody.

İlk çalışmaların daktilo edilmesindeki ve hazırlanmasındaki yardımları nedeniyle Joanna Coax. Bu projeye gösterdiğin ilgi ve her ayrıntıya gösterdiğin özen nedeniyle teşekkürler.

Bu kitabın basımına öncelik tanıyan ve desteklerini hiç esirgemeyen Fairfield Basımevi (Fairfield, Iowa), özellikle de Stephanie Harward.

Kapak tasarımındaki değerli fikirleri için Felicity ve George Foster.

Kapak tasarımındaki buluşu nedeniyle Jerry Teplitz.

Projenin son haftalarında hem midelerimizi, hem de ruhumuzu besleyen Clay Aloysius White.

Bu projede bizlere rehberlik yapan Terry Johnson, Bill Levacy ve Blaine Watson.

Verdiği akıl ve bilgi dağarcığı için M.

Bu proje sırasında bizlere destek ve cesaret veren aşağıda adı geçenler: Ron Hall, Rusty Hoffman, Belinda Hoole, Pamela Kaye, Robert Kenyon, Sue Penberthy ve Lynn Robertson.

Ayrıca, bizlere öykü, şiir ve deyiş gönderen yüzlerce insana teşekkür etmek istiyoruz. Gönderdiğiniz her şeyi kullanamadık belki, ama bizlerle ve okurlarla paylaşma isteğinizi yürekten takdir ediyoruz. Teşekkürler!

Bu projenin büyüklüğü nedeniyle, bizlerden yardımlarını esirgemeyen pek çok kişinin adından söz etmemiş olabiliriz. Bu kişilerden özür diliyoruz ve hepinizi takdir ettiğimizi dile getirmek istiyoruz. Tekrar sonsuz teşekkürler!

Bu kitabın oluşmasındaki sayısız yüreğe minnettarız. Hepinizi çok seviyoruz!

Giriş

Bu kitap sizlere, dünyadaki tüm annelere bir armağandır. Bu kitabı yazarken dünyanın dört bir yanındaki anneleri mutlu etmek istedik, ama yaşamlarımızın en büyük armağanı olan annelerimize teşekkür etmek mümkün müdür? Tavuk Suyuna Çorba - Annelerin Yüreğini Isıtacak Öyküler'de yer almak üzere gönderilen öyküleri okurken, insanların anneleri hakkındaki duygularını dile getiriş biçimlerinden çok etkilendik.

Çoğu, annelerinin yaptıkları fedakârlıkları anlatıyordu. Bazıları ise, annelerinin ne kadar yürekli bir kadın olduğunu. Kimileriyse, annelerinin kendilerine nasıl cesaret verdiğinden ve nasıl esin kaynağı olduğundan söz ediyordu. Fakat hiçbir tema anne sevgisinin büyüklüğünden çok dile getirilmemişti.

Okuduğumuz öykülerden birisi bu temayı çok güzel bir biçimde, şöyle dile getiriyor:

> Sakin, ılık ve güneşli bir günde bir melek cennetten kaçtı, yaşlı dünyamıza indi ve tarlalarda, ormanlarda, şehirlerde ve küçücük köylerde dolaşmaya başladı. Güneş batar batmaz kanatlarını açtı ve, "Ziyaretim sona erdi, artık ışık dünyasına dönmem gerek. Fakat, buradan bir anıyla dönmek istiyorum." dedi.
>
> Güzel bir çiçek bahçesine baktı ve "Bu çiçekler ne kadar güzel, çok da hoş kokuyorlar." dedi. En güzel güllerden bir demet yaptı ve "Bu çiçekler kadar güzelini, bunlar kadar hoş kokanını görmedim. Onun için anı olarak bu çiçekleri götüreceğim" dedi.

O sırada ileride, pırıl pırıl gözleriyle, gül yanaklı bir bebek gördü. Bebek gülümseyerek annesinin yüzüne bakıyordu. Bunun üzerine melek şunları söyledi kendi kendine: "Bu bebeğin gülümsemesi, bu buketten de güzel. Onu da beraberimde götürmeliyim."

Bunları söylerken, bebeğin beşiğini ve bebeğe ve beşiğe adeta bir sel gibi akan annenin sevgisini farketti. O anda ağzından şu sözler döküldü: "Bu annenin bebeğine olan sevgisi bu dünyada gördüğüm en güzel şey. Bu sevgiyi de beraberimde götürmeliyim."

Bu üç hazineyle birlikte inci kapılı cennete doğru kanat açtı. Cennetin kapısından içeri girmeden önce, "İçeriye girmeden, anılarıma bir göz atayım" dedi. Elindeki bukete baktı, tüm güller solmuştu. Bebeğin yüzüne baktığında, bebeğin gülümsemesi yok olmuştu. Annenin sevgisine baktı, o tüm güzelliğiyle yerinde duruyordu.

Solmuş gülleri ve gülümsemeyi cennetin kapısında atıverdi ve kapıdan içeri girip cennetteki herkesi yanına çağırdı ve, "İşte dünyada bulduğum ve cennete kadar güzelliğini yitirmeyen tek şey bu: Anne sevgisi." dedi.

Bizler de yüreğimizdeki tüm sevgiyle Tavuk Suyuna Çorba - Annelerin Yüreğini Isıtacak Öyküler'i sizlere sunuyoruz. Bu kitabı okurken sizler de sevginin, neşenin ve esinin yarattığı mucizeye tanık olacaksınız. Bırakın bu kitap yüreklerinizi ısıtsın artık!

Jack Canfield, Mark Victor Hansen,
Jennifer Read Hawthorne ve Marci Shimoff

1

SEVGİ ÜZERİNE

Sevgi her mevsimin meyvesidir ve her elin uzanabileceği yerdedir.

Rahibe Teresa

"ANNECİĞİM, Sanırım benim iki kalbim var. Çünkü seni o kadar çok seviyorum ki".

Bir Uçak Dolusu Bebek

Anne sevgisinde olanaksıza yer yoktur.

Paddock

26 Nisan 1975'te arkadaşım Carol Dey ile birlikte eski VW arabamın içinde Saygon'un tozlu yollarında ilerlerken, öksüz yetim çocuklara aileler bulan birilerine çok benzediğimizden emindim. Tam üç ay önce, Carol'la birlikte üç Vietnam'lı çocuğu Amerikalı ailelerine getirmek üzere anlaştığımızda, yapacağımız yolculuk çok heyecan verici ama bir o kadar da güvenli görünmüştü gözümüze. Eşim Mark'la birlikte biz de evlât edinmeye karar vermiş ve başvurumuzu yapmıştık. Tek isteğimiz birilerinin kaderlerini değiştirmekti. Fakat Carol ve ben Saygon'a tam kuşatıldığı gün varacağımızı nereden tahmin edebilirdik?

Şehrin üç mil yakınlarına bombalar düşüyor, halk en değerli eşyalarını ya çek-çek arabalarına ya da sırtlarına bağlamış büyük bir hızla ters yönde koşturuyordu. Oysa, şoförümüz Vietnamlı Çocukların Dostları Derneği'nin (FCVN) denizaşırı yöneticisi Cheri Clark, korkmuş değil, heyecanlı görünüyordu. Uçaktan indiğimiz andan itibaren, bize beklenmedik haberler vermeye başladı.

"Başkan Ford'un bütün bu çocukları kurtarmak için dev bir uçak kaldıracağı haberini duydunuz mu? Amerika'ya altı tane öksüz yetim yerine 200 tane götüreceksiniz!" Carol'la birbirimize baktık heyecanla.

Cheri sözlerini sürdürdü, "Dün bir uçak dolusu çocuk gönderdik. Son dakikada Vietnam Hükümeti izin vermekten vazgeçti, ama uçak çoktan piste çıkmıştı ve böylelikle uçağı durduramadılar! Bunun anlamı, şu anda 150 çocuğun San Francisco'da güvende olduğu!"

Uzun yıllardır hemşire olarak görev yapıyor olmamız bile FCVN merkezinde gördüklerimize bizi hazırlayamamıştı. Bu merkezin her yerinin her bir santimine yataklar ve battaniyeler serilmişti ve her birinin üzerinde ağlayan, "agu"lar diyen ve her biri öksüz veya yetim ya da terkedilmiş yüzlerce bebek yatıyordu.

Yol yorgunu olmamıza karşın, Carol ve ben çocukları ertesi günkü uçuşa hazırlamaya kararlıydık. Uçağımız bir gün sonraki ilk uçaktı. Her bir çocuğun giysiye, alt bezine, sağlık kontolünden geçmeye ve yasal bir ada gereksinimi vardı. Bütün gönüllüler -Amerikalı, ya da Vietnamlı- yirmi dört saat hiç durmaksızın çalışıyordu.

Ertesi sabah, bir gün önceki uçağın izinsiz kalkması nedeniyle, uçağımızın ilk uçak olarak kalkamayacağını öğrendik. Ancak, Vietnam hükümeti izin verdiği -tabi verirse- saatte kalkabilecektik.

Cheri sakin bir ses tonuyla, "Beklemekten ve dua etmekten başka yapabileceğimiz bir şey yok" dedi. Amerika'da bekleyen aileler ve Saygon'daki bebekler için zaman çok yavaş geçiyordu.

Bu sırada Carol'la birlikte diğer gönüllülerin bu kez Avustralya'ya gidiş izni alınmış olan uçağa çocukları hazırlamalarına yardım etmeye başlamıştık.

Kavurucu sıcakta bebekleri orta koltuğu çıkartılmış bir VW minibüse bindiriyorduk. Minibüsün kalan koltuklarından birine oturdum. Ayaklarımın dibinde tam 21 tane bebek vardı. Minibüsteki diğer gönüllülerin durumu da aynıydı.

Havaalanına vardığımızda, hiçbir uçağın kalkış yapamadığını gördük. İleride bir yerlerde gökyüzüne simsiyah dumanlar yükseliyordu. Havaalanının kapısından girer girmez, kulağımıza bir söylenti çalındı: Bizim binmek istediğimiz uçak, içindeki bebeklerle birlikte düşmüştü.

Bu doğru olamazdı. İnanmadık. Bebekleri özgürlüklerine kavuşturacak olan uçağa bebekleri hazırlamak için acelemiz vardı. Sonunda uçak kalktığında Carol'la elele tutuşmuş, dua ediyorduk. Gözden kayboldukları zaman, Carol'la dansetmeye başladık. Bir uçak dolusu bebek daha özgürdü artık!

Sevincimiz çok uzun sürmedi. Merkeze döndüğümüzde herkesin suratı asıktı. Cheri, havaalanında duyduğumuz söylentinin doğru olduğu haberini verdi bana. Uçak kalktıktan hemen sonra düşmüştü ve ne bebeklerden, ne de bebekleri götürenlerden kimse kurtulmamıştı. Hiç kimse uçağın bombalanıp, bombalanmadığını bilmiyordu.

Kurtarıcılar ve bebekler! Böyle bir şeyi kim yapabilirdi? Acaba böyle bir şeyi yine yaparlar mıydı? Bir sandalyeye çöktüm ve hıçkırmaya başladım. Binmek için büyük savaş verdiğimiz uçak düşmüştü. O anda eşimi ve kızlarımı bir daha göremeyecekmişim duygusuna kapıldım.

O gece Cheri beni yanına çağırdı. Bu denli beklenmedik olay arasında, Cheri'nin sözleri yine de beni şaşırttı. "Getirdiğimiz kâğıtlar arasında senin de evlât edinme belgelerin vardı. Formaliteleri bekleyeceğine, sen neden kendine bir bebek seçmiyorsun?"

Bir gün içinde hem en büyük korkuyu yaşamak, hem de en çok istediğim şeyi duymak varmış kaderde. Kızlarım eve döndüğümde yanımda minik erkek kardeşlerini göreceklerdi! Fakat... nasıl seçilebilirdi ki bir evlât? Dudaklarım kıpır kıpırdı, dua ederek girdim yandaki odaya.

Yüzlerce bebeğin yattığı odaya girdiğimde, sadece altında bez bağlı bir bebek bana doğru emeklemeye başladı. Bebeği kucağıma alınca, başını omuzuma yasladı. Sanki o da beni kucaklıyordu. Onu yere bırakamadım, kucağımda odadaki her bir bebeği okşadım. Yukarıdaki salonda daha çok bebek vardı. Artık karar vermek üzereydim ve sessizce dua ediyordum ve kollarımdaki minicik şey sanki bana daha sıkı sarılıyordu. Boynumda ılık nefesini hissettim.

Kulağına "Merhaba Mitchell" diye fısıldadım. "Ben senin annenim."

Ertesi sabah kalkışımıza izin verildiği ve o gün öğleden sonra hareket edeceğimiz haberini aldık. Bütün gönüllülerle birlikte kalan son 150 bebeği hazırladık.

Bebekleri uzun zamandır kullanılmamış olan eski bir otobüsün koltuklarına üçerli, dörderli yerleştirdik ve uzun yolculuğumuzun ilk aşaması için Carol'la birlikte havaalanına doğru yola çıktık. Son anda yine bir felâket haberi geldi. Bu kez, Vietnam Devlet Başkanı Thieu uçuşumuzu iptal etmişti. Paniğe kapılmamaya çalışarak, Carol'la birlikte kavurucu sıcakta bebekleri havaalanındaki pis kulübelere taşımaya başladık. Acaba kurtulamayacak mıydık? Hepimiz Saygon'da ölüp kalacak mıydık?

Sonunda FCVN'nin çalışanlarından Ross hışımla içeriye girdi. "Çabuk" dedi, "Başkan Thieu sadece tek bir uçuşa izin veriyor, çabuk olun! Bebekleri uçağa hemen bindirmemiz gerek." Evet, şans yine yüzümüze gülmüştü işte!

"Hayır!" dedim. "Bir sonraki otobüsle getirmek için oğlumu merkezde bıraktım. Geri dönüp, onu almam gerek."

"LeAnn," dedi Ross, "bunun olanaksız olduğunu biliyorsun. Söz veriyorum, oğlunu sana göndereceğim."

Evet, bunun olanaksız olduğunu biliyordum. "Mitchell yanımda olmadan dönmüyorum" dedim.

"Öyleyse, acele et" dedi Ross, "Uçağı bekletebildiğim kadar bekletirim, ama unutma ki, diğer çocuklar da son şanslarını ellerinden kaçırabilirler."

Hemen otobüse koştum. Şoför kalabalık şehrin caddelerinden adeta uçarak geçti ve beni merkezden bir mil uzakta bir yerde bıraktı. Ayağımdaki sandaletin bandı kopmuştu ve ayak bileğimi acıtıyordu. Sandaleti ayağımdan çıkardım ve koşmayı sürdürdüm. Merkezin merdivenlerini çıkarken duyduğum acı dayanılmazdı.

Cheri beni bir sandalyeye oturtmaya çalışırken, nefes nefese "Uçak..." dedim. "Biliyorum. Havaalanıyla henüz görüştüm."

"Evet?"

Cheri gülümsedi. "Uçak seni bekliyor!"

Gülümsemeye çalıştım.

"Ayrıca, bu uçakla daha çok bebek gönderebileceğiz. Ve ikinci uçak için de izin çıkmış!"

Gözlerimden inen yaşları artık kontrol etmem olanaksızdı. Mitchell'i buldum ve hemen kucakladım. Bir daha onu bırakmayacağıma yemin ettim.

Birkaç saat sonra koskoca kargo uçağına binerken, yüreğim deli gibi çarpıyordu. Uçağın ortasındaki yirmi karton kutu bir sıra oluşturuyordu. Her bir karton kutuda iki-üç çocuk vardı. Daha büyük bebekler ve çocuklar koltuklara oturmuş, emniyet kemerleri bağlanmış, şaşkınlıkla olup, biteni izliyorlardı.

Kapılar kapandı, motorun sağır eden gürültüsü duyuldu. Havaalanında bir gün önce gördüğüm kara bulut gözlerimin önünden gitmiyordu. Bir an paniğe kapıldım ve Mitchell'a daha sıkı sarıldım. Uçak pistte hızlanırken sürekli dua ediyordum. Sonra... havalandık. İlk beş dakikayı atlatırsak, evimize, yuvamıza ulaşabileceğimizi biliyordum.

Sonunda kaptan pilotun sesi duyuldu. "Artık güvendeyiz! Evimize dönüyoruz!" Uçağı sevinç çığlıkları kapladı.

Savaş aklıma gelince, geride bıraktıklarımıza dua ettim. Sonra da Carol'la birlikte birilerinin hayatını değiştirdiğimiz için

Tanrı'ya şükrettim. Sonra da hep birlikte -varlığından haberdar olmadığım oğlum da dahil olmak üzere- umut dolu bir yaşama doğru yol almaya başladık.

LeAnn Thieman

Annem İçin Bir Sürpriz Armağan

Noel günleri, annemin babamın evinde tüm ailenin biraraya geldiği ve neşenin son haddine ulaştığı günlerdi. Kızarmış hindinin, jambonun ve ev ekmeğinin nefis kokusu tüm eve yayılırdı. Ailenin bütün çocuklarını, gençlerini, yetişkinlerini ve yaşlılarını oturtmak üzere evin dört bir yanına masalar, sandalyeler hazırlanırdı. Her oda süslenirdi. Annem ve babamla Noel geçirmek gibi bir fırsatı kimse kaçırmak istemezdi.

İlk kez bu yıl her şey önceki yıllardan farklıydı. Babamızı 26 Kasım'da kaybetmiştik ve bu, onsuz ilk Noel'imizdi. Annem iyi bir ev sahibesi olmak için elinden geleni yapıyordu, ama çok zorlandığını hissediyordum. Bir an yüreğimin sıkıştığını hissettim. Acaba önceden planladığım Noel armağanını anneme vermeli miydim, yosa babamın yokluğunda bu uygunsuz mu kaçacaktı?

Birkaç ay önce annemin ve babamın yağlıboya portrelerini yapmıştım ve onlara bu portreleri Noel armağanı olarak verecektim. Bu herkes için hoş bir sürpriz olacaktı, çünkü resim üzerine tahsil yapmamıştım ve resmi amatör olarak yapıyordum. Yaptığım portreler, gerçekten de anneme babama çok benzemişti, ama yine de kullandığım teknikten emin değildim.

Bir gün portreler üzerinde çalışırken, kapı çalındı. Bütün boyalarımı sakladıktan sonra kapıyı açtım. Babamdı, yalnız gelmişti. Çok şaşırmıştım, çünkü bana her zaman annemle birlikte gelirlerdi. Gülümsedi ve "Sabah sohbetlerimizi özledim" dedi, "Şu, beni bir başka erkek için terketmeden önce ettiğimiz sohbetleri!" Evliliğim çok uzun sürmemişti. Ailenin tek kız çocuğu ve en küçüğü bendim.

Ona o anda portreleri göstermek istedim, ama Noel sürprizini bozmak da istemiyordum. Ancak, yine de babamla o anın tadını çıkarmak istedim ve sırrımı kimseye söylememesi için ona yemin ettirdim. Gözlerini yummasını istedim ve portreleri ortaya çıkardım. "Tamam baba. Artık açabilirsin gözlerini."

Çok şaşırmıştı, ama hiçbir şey söylemedi. Ayağa kalktı, portrelerin yanına gitti. Sonra da biraz uzaklaşıp, seyre koyuldu. Çok heyecanlanmıştım. Sonunda, yanağından yaşlar süzülmeye başladı ve dudaklarından şu sözler döküldü, "İnanamıyorum. Gözler o kadar gerçek olmuş ki, adeta beni izliyor gibi. Hele annenin gözlerine bak. Bunları çerçeveletmeme izin verir misin?"

Sözleri beni çok mutlu etmişti. Ertesi gün çerçeveciye bırakacağımı söyledim tabloları.

Aradan birkaç hafta geçti. Sonra, Kasım ayında bir gece telefonum çaldı ve duyduklarım karşısında adeta dondum kaldım. Telefondaki ses, doktor olan ayrıldığım eşimdi, "Seni acilden arıyorum. Baban bir beyin kanaması geçirdi. Durumu iyi değil, ama hâlâ hayatta."

Babam birkaç gün komada kaldı. Ölmeden bir gün önce ziyaretine gittim. Elini tuttum ve "Babacığım, benim kim olduğumu biliyor musun?" dedim. Herkesi şaşırttı ve "Sen benim sevgili kızımsın" dedi. Ertesi gün de öldü. Hem annemin, hem de benim yaşamlarımızın tek neşe kaynağı bizi terketmişti.

Daha sonraki günlerde çerçeveciyi aramak aklıma geldi. İyi ki ölmeden önce portreleri babama göstermiştim. Çerçeveci babamın dükkâna gittiğini, çerçevelerin parasını ödediğini ve armağan paketi yaptırdığını söylediği zaman çok şaşırdım. Yaşadığımız büyük acı nedeniyle portreleri anneme vermek istemiyordum.

Ailemizin babasını yitirmiş olmamıza karşın, tüm aile Noel günü biraraya geldi ve mutlu görünmeye çaba gösterdi. Annemin mutsuzluk okunan gözlerine ve gülmeyen yüzüne bakınca, ona armağanlarımı vermeye karar verdim. Kutunun kağıdını açarken, çok mutlu olmadığı belliydi. Portrelerin yanına bir kart iliştirilmişti.

Portreleri gördükten ve kartı okuduktan sonra, annemin ruh hali bir anda değişti. Oturduğu sandalyede arkasına yaslandı, kartı bana uzattı ve ağabeylerimden portreleri şöminenin yanına karşılıklı asmalarını istedi. Ayağa kalkıp, bir adım geri gitti ve uzun uzun resimlere baktı. Gözleri dolmuştu, ama gülümsüyordu. Bana döndü ve "Babanın Noel'de yanımızda olacağını biliyordum!" dedi.

Babamın kendi el yazısıyla yazmış olduğu karta göz attım. "Anneciğim - Kızımız neden bu kadar şanslı bir insan olduğumu bana bir kez daha anımsattı - Babacığım."

Sarah A. Rivers

Anneler Günü

Askerlik arkadaşım Dan ile onun metalik mavi 427 Corvette arabasına portatif soğutucumuzu, eski kotlardan keserek yaptığımız şortlarımızı ve tişörtlerimizi koyup, Fort McClellan askeri üssünün ana kapısından geçişimizden bu yana tam 26 yıl geçti. Elimizde hafta sonu izin belgelerimiz, ceplerimiz krisp dolu ve ordudan aldığımız asker harçlıklarımızla Florida'ya doğru yola koyulduk. Ordu o andan itibaren aklımıza gelecek en son şeydi. Haftasonu nöbet listesinde adlarımız çıkmayınca, sahilde hoşça vakit geçirmeye karar vermiştik. Yediğimiz berbat karavanaları ve Doğu Alabama'nın korkunç sivrisineklerini ancak bu şekilde unutabilecektik.

O yıl askeri kampa her yılkinden daha erken çıkmıştık. Aylardan Mayıs'tı ve hava çok güzeldi. Arabanın üstünü ve müziği sonuna kadar açtık. Birmingham'a varınca mola verip Anneler Günü'nü kutlamak için annelerimize telefon etmek istedik.

Annem alışverişten yeni dönmüştü. Sesinden bu özel günü ailemle geçirmeyeceğim için mutsuz olduğunu anladım. "İyi yolculuklar, dikkatli olun. Seni çok özleyeceğiz" dedi.

Arabaya döndüğümde, Dan'in yüzündeki ifadeden onun da benim gibi suçluluk duygusu içinde olduğunu anladım. Oturduk, düşündük ve annelerimize çiçek göndermeye karar verdik.

Birmingham'ın güneyinde bir otoparka arabamızı parkettikten sonra en yakındaki çiçekçiye gittik. Göndereceğimiz çiçeklere birer de not yazıp, hafta sonunu annemiz yerine, sahilde geçireceğimiz için kapıldığımız suçluluk duygusunu hafifletmeye çalıştık.

Çiçekçinin küçük bir erkek çocuğunun belli ki annesine çiçek seçmesinde yardımcı olmasını bekledik. Oysa bizim acelemiz vardı ve çiçeklerimizin parasını ödeyip, yola koyulmak istiyorduk bir an önce.

Küçük çocuk yaptığı seçimden ötürü gururlu, bana döndü. O sırada çiçekçi telefonda bizim siparişlerimizi veriyordu. "Annemin bu çiçekleri çok seveceğinden eminim" dedi küçük çocuk, "Annem karanfilleri çok severdi."

"Mezarlığa gitmeden önce" diye sözlerini sürdürdü, "bahçemizden kopardığım çiçekleri de ekleyeceğim."

O sırada çiçekçi arkasını döndü ve mendiline uzandı. Sonra Dan'e baktım. Küçük çocuğun elinde çiçeklerle gururla dükkândan çıkmasını ve babasının arabasına binmesini izledik birlikte.

Çiçekçi "Siz nasıl bir çiçek istiyorsunuz?" diye sordu sesi titreyerek.

"Sanırım evet" dedi Dan. Yazdığımız notları çöp kutusuna attık ve sessizce dükkândan çıkıp, arabaya bindik.

Dan "Pazar akşamı saat beşte alırım seni" dedi ve beni annemin babamın evinde bıraktı.

"Arabadan tatil çantamı çıkarmaya çalışırken, "Tamam" dedim.

Florida'ya başka bir sefere gidebilirdik.

Niki Sepsas

"Avcı malzemeleri satan dükkâna sana Anneler Günü armağanı almaya gidiyoruz."

Onca Yıl

Arkadaşım Debbie'de gribe benzer semptomlar başgösterdiğinde, iki kızı liseye gidiyordu. Debbie aile doktorlarına gitti ve doktor kendisine sıkıntısının nedeninin grip virüsü değil de, "aşk virüsü" olduğunu söyledi. Debbie hamileydi.

Sağlıklı ve çok güzel bir erkek çocuğu olan Tommy'nin doğumu büyük bir mutluluk kaynağı oldu. Tommy çok tatlı, düşünceli, esprili ve neşeli bir çocuk oldu.

Tommy beş yaşlarındayken bir gün Debbie'yle alışverişe gidiyorlarmış. Bütün çocukların her zaman yaptıkları gibi Tommy durup dururken annesine sormuş: "Anne, ben doğduğumda sen kaç yaşındaydın?"

"Otuz altı" demiş Debbie, "Neden soruyorsun?"

"Ne ayıp!" demiş Tommy.

Kafası karışan Debbie, "Ne demek istiyorsun?" diye sormuş. Tommy sevgi dolu gözleriyle annesine bakmış ve "Düşünsene, onca yıl birbirimizi tanımadan yaşamışız!"

Alice Collins

Saç Tokaları

Yedi yaşımdayken, annemin arkadaşlarından birine ertesi gün doğum günü olduğunu ve otuz yaşına gireceğini söylediğini işittim. Bu sözleri işitince iki şey kafamı karıştırdı. Bir, annemin de bir doğum günü olduğu hiç aklıma gelmemişti. İki, annemin hiç doğum günü armağanı aldığını anımsamıyordum.

Öyleyse, ben birşeyler yapabilirdim. Hemen odama gittim ve kumbaramı açtım. İçindeki tüm parayı saydığımda yirmi beş sentim olduğunu gördüm. Bu benim beş haftalık harçlığımdı. Paranın tümünü aldım ve evimizin yakınındaki dükkâna gittim. Dükkân sahibi Bay Sawyer'a elimdeki parayla anneme bir doğum günü armağanı almak istediğimi söyledim.

Bay Sawyer, dükkanında değeri yirmi beş sent olan her şeyi gösterdi. Seramik biblolar. Bu biblolar annemin hoşuna gidebilirdi, ama evimizde bunlardan çok vardı ve haftada bir bu bibloların tozunu alan bendim. O zaman biblo olmazdı. Küçük kutularda şekerlemeler. Annem diyabet hastası olduğu için, şekerlemeler de olmazdı.

Bay Sawyer'ın bana gösterdiği son şey saç tokalarıydı. Annemin uzun, siyah saçları vardı ve haftada iki kez saçlarını yıkar ve tokalayarak kıvırırdı. Ertesi gün tokalarını çıkardığı zaman omuzlarına kadar inen güzel bukleleriyle film yıldızlarına benzerdi. Böylelikle saç tokalarının annem için en uygun armağan olacağına karar verdim. Bay Sawyer'a yirmi beş sentimi verdim, o da bana saç tokalarını.

Eve geldikten sonra, tokaları Pazar günü gazetelerinin renkli karikatür sayfalarına güzelce sardım (çünkü paket kağıdı alacak param kalmamıştı). Ertesi sabah tüm aile kahvaltı sofrasındayken, annemin yanına gittim, ona paketimi uzattım ve "Anneciğim, doğum günün kutlu olsun!" dedim.

Annem hiç sesini çıkarmadan bir süre öylece oturdu. Sonra yaşlı gözlerle karikatürlerle dolu kağıdı yırttı. Tokaları eline aldığında artık hıçkıra hıçkıra ağlıyordu.

"Özür dilerim, anneciğim" dedim. "Seni ağlatmak istemedim. Sadece doğum gününü kutlamak istedim."

"Canım, beni çok mutlu ettin" dedi. Gözlerine baktığımda, ağlamasına karşın, gözlerinin içinin güldüğünü gördüm. "Biliyor musun, bu benim yaşamımdaki ilk doğum günü armağanım" dedi.

Sonra da beni yanağımdan öptü ve "Çok teşekkür ederim, bir tanem" dedi. Ve ablama dönüp, "Bak," dedi, "Linda bana doğum günü armağanı almış!" Ağabeylerime döndü ve "Bakın" dedi, "Linda bana doğum günü armağanı almış!" Sonra da babama dönüp, "Bak" dedi, "Linda bana doğum günü armağanı almış!"

Daha sonra banyoya saçlarını yıkamaya ve yeni tokalarıyla saçlarını kıvırmaya gitti.

Annem odadan çıktıktan sonra babam bana dönüp, "Linda, benim büyüdüğüm sınırda (babam doğduğu yer olan Virginia'nın dağlık bölgesine hep sınır derdi), büyüklerimize armağan alabileceğimiz dükkânlar yoktu. Armağanlar sadece çocuklara alınırdı. Annenin ailesi de çok yoksul olduğu için, onlar da böyle şeyler yapmazlarmış. Ama bugün anneni ne kadar mutlu ettiğini gördükten sonra, bu doğum günü konusunu bir kez daha düşünmeye karar verdim. Linda, sana bugün burada yeni bir şey başlattığını söylemek istiyorum."

Gerçekten de ben o gün orada yeni bir şey başlattım. O günden sonra, annem her doğum gününde armağan yağmuruna tutuldu. Ablamdan, ağabeylerimden, babamdan ve benden çok güzel armağanlar aldı. Ve bizler, yani çocukları büyüyüp, para kazanmaya başladıkça, annem daha güzel armağanlar alır oldu. 25 yaşıma girdiğimde, anneme bir müzik seti, bir televizyon ve bir mikrodalga fırın almıştım (gerçi annem mikrodalga fırını sonradan elektrik süpürgesiyle değiştirdi, ama olsun).

Annemin ellinci doğum gününde, tüm kardeşler biraraya gelip, anneme muhteşem bir armağan aldık: Çevresi pırlantalarla süslü güzel bir inci yüzük ve alyans. Büyük ağabeyim annemin onuruna verdiğimiz partide yüzüğü anneme verdiğinde, annem kutuyu açınca gözlerine inanamadı. Sonra da gülümsedi ve yüzüğü konuklara gösterdi. "Ne kadar mükemmel çocuklarım var, değil mi?" dedi. Sonra da yüzüğü tek tek herkese göstermeye başladı. Yüzük elden ele gezerken, hayret ifadelerini işitmek çok güzeldi.

Konuklar gittikten sonra, anneme yardım etmek için kaldım. Mutfakta bulaşıkları yıkarken, yandaki odada annemle babamın konuşmalarına kulak kabarttım. Babam, "Evet, Pauline" diyordu, "Çok güzel bir yüzük doğrusu. Sanırım bu yüzük bugüne değin aldığın en güzel doğum günü armağanı."

Annemin verdiği yanıtı duyunca gözlerim doldu. "Ted" diyordu, "Evet, doğru. Bu çok güzel bir yüzük. Ama bugüne kadar aldığım en güzel doğum günü armağanı, yine de o saç tokalarıydı."

Linda Goodman

Elimi Sık, O Zaman Sana Seni Ne Kadar Sevdiğimi Söyleyeceğim

Çocukken düştüğünüzü ve canınızın yandığını anımsıyor musunuz? Annenizin acınızı hafifletmek için yaptıklarını anımsıyor musunuz? Annem Grace Rose beni hemen kucaklar, yatağına götürüp oturtur ve "acıyan" yerimi öperdi. Sonra da yatakta yanıma oturur, elimi ellerinin arasına alır ve "Canın yanınca elimi sık, o zaman sana seni ne kadar çok sevdiğimi söyleyeceğim" derdi. Elini sıkardım ve her elini sıktığımda hiç durmadan "Mary, seni seviyorum" derdi.

Bazen de canım yanmış gibi numara yapar ve bu ayine dönüşen olayı bir daha yaşamak isterdim. Büyüdükçe, bu ayin de şekil değiştirdi ve annem her zaman yaşadığım acıları hafifletip, beni neşelendirmenin bir yolunu buldu. Lisedeyken zor günlerimde eve döner dönmez bana en sevdiği bademli çikolatalarından verirdi. Yirmilerime geldiğimde ise Wisconsin'ın güzel bahar aylarının tadını çıkartmak için beni Estabrook Park'ta pikniklere davet ederdi. Babamla beni her ziyarete gelip, evlerine dönüşlerinden sonra, bana muhakkak teşekkürlerini bildiren güzel kartlar atardı. Bana hep onun için çok özel bir insan olduğumu anımsatırdı.

Fakat, yine de hiçbir zaman unutamadığım, çocukken ellerimi tutup bana, "Canın yandığı zaman, ellerimi sık, ben de sana seni ne kadar sevdiğimi söyleyeyim" demesidir.

Otuzlarımın sonlarına yaklaşırken, annemle babamın beni ziyaretlerinden bir gün sonra, babam beni işten aradı. Sesi her zaman sertti ve her söylediğini kesin ve net bir biçimde dile getirirdi, ama bu kez sesi titriyordu. "Mary, annenin bir sorunu var ve ne yapacağımı bilmiyorum. Lütfen acele gel."

Annemle babamın evleri evimden arabayla yaklaşık 10 dakika uızaklıktaydı, ama yol bir türlü bitmek bilmedi. Eve vardığımda, annem yatağında yatıyor, babamsa mutfakta bir aşağı, bir yukarı dolanıyordu. Annemin gözleri kapalıydı, elleri ise karnının üzerindeydi. Mümkün olduğunca sakin olmaya çalışarak anneme seslendim. "Anneciğim, ben geldim."

"Mary?"

"Evet, anneciğim."

"Mary, sen misin?"

"Evet, anne."

Bir sonraki soruya hazırlıklı değildim ve annem bu soruyu sorduğunda dondum kaldım, ne yanıt vereceğimi bilmiyordum.

"Mary, ben ölüyor muyum?"

Gözyaşlarımı kontrol etmeye çalıştım ve çaresizlik içinde anneme baktım.

Anneme ne yanıt vereceğimi düşünürken, aklımdan şöyle bir soru geçti: Bu durumda annem ne derdi?

Bana milyonlarca yıl gibi gelen bir anlık duraklamadan sonra, ağzımdan şu sözler döküldü. "Anneciğim, ölecek misin bilmiyorum, ama bunu istiyorsan, önemli değil. Seni çok sevdiğimi unutma."

O sırada bir çığlık attı, "Mary, çok canım yanıyor."

Yine ne söyleyeceğimi bilemedim. Yatağın kenarına iliştim, elini tuttum ve bu kez ağzımdan şu sözler döküldü, "Anneciğim, canın yandığı zaman elimi sık, o zaman sana seni ne kadar çok sevdiğimi söyleyeyim."

Elimi sıktı.

"Anneciğim, seni çok seviyorum."

Annem yumurtalık kanserinden ölünceye kadar iki yıl boyunca elimi çok sıktı ve ona her seferinde onu ne kadar çok sevdiğimi söyledim. O hiç istenmeyen gerçeğin, ne zaman kapımıza gelip dayanacağını bilemeyiz, ama her kiminle birlikte olursam olayım, annemin o güzelim ayinini yinelemeye hazırım. "Canın yanınca, elimi sık. O zaman sana seni ne kadar çok sevdiğimi söyleyeceğim."

Mary Marcdante

Genler

Mary adında genç bir kadın ilk bebeğini dünyaya getirmiş ve o sırada eşi askerlik görevini yapmakta olduğu için, doğumundan sonra birkaç hafta annebabasıyla birlikte kalmış.

Bir gün Mary annesine bebeğin saçlarının kızıl olmasına şaşırdığını söylemiş, çünkü Mary de, eşi de sarışınmış.

Annesi, "Mary, babanın saçlarının kızıl olduğunu unuttun mu?" diye sormuş.

"Ama, anne" demiş Mary, "bu bir şeyi değiştirmez ki, beni evlat edindiğinizi unuttun mu?"

Annesi gülümsemiş ve kızının o ana kadar işittiği en güzel sözcükler dökülmüş ağzından, "Unutmuştum."

The Best of Bits & Pieces

Bir Bebek Dünyaya Geldi

Şükran Gününe yakın bir Pazar günü, kilisemin cemaatinden biri bana, adını "Angus Larry" koydukları bir torununun dünyaya geldiğini müjdeledi ve benden bebeği vaftiz etmemi istedi. Kilisenin yönetim kurulu bu konuda isteksizdi, çünkü bebeğin ailesi bir başka eyalette yaşıyordu ve kilisemiz vaftiz ettiği bebeklerin sorumluluklarını üstlenme konusundaki sorumluluklarını çok önemser.

Ancak, Angus McDonnell'ın isteğini kıramadık ve bir sonraki Pazar günü annesi ve babası Larry ve Sherry'nin, büyükbaba Angus ve büyükanne Minnie'nin ve aileden pek çok yakının katıldıkları bir törenle küçük Angus Larry vaftiz edildi.

Cemaatimizin hoş bir geleneği vardır: Papaz, "Bu bebeğin bu cemaat içinde yakınları varsa ayağa kalksınlar" der ve bebeğin tüm ailesi ayağa kalkar ve tören bitene kadar da kimse yerine oturmaz. Larry'yi kollarıma aldıktan sonra bu soruyu sordum ve bütün akrabaları ayağa kalktılar.

Tören bittikten sonra, herkes Şükran Gününden kalan hindilerini bitirmek üzere evlerine döndü, ben de kilisenin ışıklarını yakmak üzere içeriye girdim ve o sırada en ön sırada oturmakta olan orta yaşlı kadını farkettim. Önce söyleyecek bir şey bulamadı ve gözlerime bakamadı. Sonunda adının Mildred Cory olduğunu ve törenin çok güzel geçtiğini dile getirdi. Yine uzunca bir süre durakladı ve sözlerini sürdürdü,

"Kızım Tina'nın da bir bebeği oldu, onun da vaftiz edilmesi gerekiyor, değil mi?"

Kendisine Tina'nın ve eşinin beni aramasını ve bu konuyu tartışabileceğimizi söyledim. Mildred yine tereddüt etti ve ilk kez gözlerimin içine bakarak, "Tina'nın kocası yok. Tina 18 yaşında ve bundan dört yıl önce kutsanıp, bu kiliseye üye olmuştu. Okuyordu, ama sonra o çocukla tanıştı, çocuk okula gitmiyordu..."

Artık çekinmeden öyküyü anlatmayı sürdürüyordu. "... sonra hamile kaldı. Bebeği doğurmasını ben istedim, şimdi de kendi kilisesinde bebeğin vaftiz edilmesini çok istiyor. Ama sizinle konuşmaktan çok çekiniyor. Bebeğe James-Jimmy adını verdi."

Orta yaşlı kadına bu konuyu kilisenin yönetim kuruluna açacağımı ve onaylarını almaya çalışacağımı söyledim.

Bir sonraki toplantıda konuyu açtığımda, onlara Tina'nın bu kilisenin üyesi olduğunu, evlilik dışı bir çocuk dünyaya getirdiğini fakat çocuğun babasını da tanımadığımı açıkladım. Oysa, herkes çocuğun babasını tanıyordu. Yaşadığımız yer küçük bir yerdi ne de olsa.

Tina'nın bebeğini vaftiz ettirirken, bazı kurallara uyması gerektiğini bilip bilmediğinden emin olmak istediler. Onlara, bu konuda Tina ve bebeğine bizlerin destek vermemiz gerektiğini dile getirdim.

Ancak, daha yüzünde ergenlik sivilceleri taşıyan Tina, kucağında minik bebeği ve bebek için sadece annesinin ayağa kalkacağı gözümüzde canlanıverdi bir anda. Bunu düşünmek bile yüreklerimizi sızlattı. Fakat, yine de yönetim kurulu vaftiz kararını onayladı ve törenin bir sonraki Pazar günü yapılmasına karar verildi.

O gün kilise tıklım tıklım doluydu, çünkü bir sonraki hafta Noel'di. Tina kucağında bir aylık bebeği Jimmy olmak üzere, heyecanlı, titreyen adımlarla ve sadece bana gülümseyerek koltukların arasından yürümeye başladı.

Gencecik anne yapayalnızdı. Bu genç anneyi ve minik bebeğini zor bir yaşam bekliyordu.

Giriş duasını okuduktan sonra başımı kaldırdım ve gözlerimle Mildred Cory'yi aradım. Sonra da, "Bu cemaat içinde bu bebeğin yakınları varsa ayağa kalksınlar" dedim. Mildred'ı yüreklendirmek için yüzüne baktım. Mildred iki yanına baktıktan sonra yavaşça ayağa kalktı ve bana gülümsedi.

Gözlerimi yeniden elimdeki kitaba çevirdim. Tam Tina'ya soru sormak üzereydim ki, sıralarda bir hareket farkettim.

Minnie'nin yanında oturan Angus ayağa kalkmıştı. Sonra birkaç yaşlı daha ayağa kalktı. Sonra ilkokul öğretmeni, daha sonra genç bir çift. Gözlerime inanamıyordum, bütün kilise ayağa kalkmıştı.

Tina ağlıyordu. Mildred Cory, önündeki koltuğun arkalığına tutunuyordu, sanki tutunmasa düşecek gibiydi.

Sonra şu sözleri okudum:

> *Tanrı bizlere, Tanrı'nın çocukları adını alabilmemiz için sevgiyi öğretti... Kimse Tanrı'yı görmemiştir; eğer bizler birbirimizi seversek, Tanrı bizimle bütünleşir ve sevgisi içimizde mükemmele ulaşır... Sevginin olduğu yerde korku yoktur, sevgi mükemmele ulaştığı zaman korku yiter gider.*

O vaftiz töreninde bu sözler sanki can kazandı ve oradaki herkes bunu hissetti.

Rahip Michael Lindvall

Çocukların Çoğu Sadece Bir Kez Dünyaya Gelir

Sen rahmime düşmeden önce seni istedim
Dünyaya gelmeden sevdim seni
Dünyaya gelmeden senin için
ölebileceğimi hissettim
İşte sevginin mucizesi bu olsa gerek.

Maureen Hawkins

Anneniz, ne zaman ona gereksinim duysanız yanınızdadır. Her derdinize çare olur, sizi korur, dinler, öğüt verir ve sizi hem fiziksel, hem de duygusal olarak besler. Ailesinin günün 24 saati, haftanın yedi günü ve yılın 52 haftası sevgiye doyduğundan emin olmak ister. Çok kısıtlı bir süre annemin yanımda olmasına karşın, annemle ilgili anımsadıklarım bunlar işte. Ama, sevgi adına benim için yaptığı fedakârlıkları sözcüklerle dile getirmem yine de olanaksız.

Birçok Yahudi ile birlikte toplama kampına götürüldüğümde tam 19 yaşımdaydım. Hepimiz öleceğimizi biliyorduk. Sonra bir gün toplama kampına annem geliverdi ve beni serbest bırakmaları ve benim yerime kampta kendisinin kalması konusunda onları ikna etti. Annemin bana veda bakışını ve son sözlerini hiçbir zaman unutamam.

"Ben yeterince yaşadım. O kadar gençsin ki, senin yaşaman gerek" dedi.

Çocukların çoğu sadece bir kez dünyaya gelir, oysa aynı anne beni iki kez dünyaya getirdi.

Joseph C. Rosenbaum

Açık Kapı

Sen küçücüktün
Ve yanıbaşımdaydın,
Soğuk havalarda
Seni yumuşacık battaniyelere sardım.
Artık büyüdün
Ve uzaklardasın,
Şimdi ellerimi kaldırıyor
Ve seni dualarımla sarmalamaya çalışıyorum.

Dona Maddux Cooper

İskoçya'nın Glasgow şehrinde genç bir kız, aynı bugünün gençleri gibi evinden ve annebabasının koydukları kısıtlamalardan bıkmış. Ailesinin dindar yaşam tarzına karşı çıkmış ve onlara, "Ben sizin Tanrı'nıza inanmıyorum. Sizleri terkediyorum!" demiş.

Evini terketmiş ve kendi ayakları üzerinde durabilen bir kadın olmaya karar vermiş. Ancak, çok geçmeden keyfi kaçmış, çünkü bir iş bulamıyormuş. Sonunda fahişe olmaya karar vermiş ve bedenini satmaya başlamış. Yıllar geçmiş, babası ölmüş, annesi iyice yaşlanmış ve kızcağız seçtiği yaşam tarzının pençesinde kıskıvrak yaşar olmuş.

Geçen onca yıl boyunca anne ile kızı hiç görüşmemişler. Yıllar sonra kızının yaşadığı şehri öğrenmiş. Her köşebaşında durup, gelip geçene bir resim gösterir, "Bu resmi buraya asmama izin verir misiniz?" dermiş. Bu resim, saçlarına ak düşmüş gülümseyen bir kadının resmiymiş ve resmin altında şunlar yazıyormuş: "Seni hâlâ çok seviyorum... Evine dön!"

Aradan birkaç ay geçmiş, ama ne arayan varmış, ne de soran. Sonra günün birinde kızı o köşe başlarından birinde yorgun otururken, gözleri duvar panosuna çarpmış. Orada asılı olan resmi görünce kendi kendine sormuş, "Bu kadın benim annem olabilir mi?"

Ayağa kalkmış, resmin yanına gitmiş. Annesini tanımış ve resmin altındaki sözleri okumuş, "Seni hâlâ seviyorum... Evine dön!" Resme bakarken gözyaşlarını tutamıyormuş. Bu gerçek olamazmış.

Bu arada akşam olmuş ve kız o kadar duygulanmış ki, evine doğru yürümeye başlamış. Evine vardığında gün ışıyormuş. Korkmuş, ne yapacağını bilemiyormuş. Kapıyı tıklattığı anda kapı kendiliğinden açılmış. O anda eve birilerinin girdiğini ve annesine zarar verdiklerini düşünmüş. Hemen annesinin odasına koşmuş ve kapısını açmış. Annesi mışıl mışıl uyuyormuş. Annesini uyandırmış haykırarak, "Benim anne! Benim! Evime döndüm!"

Annesi gözlerine inanamamış. Gözyaşlarını silmiş ve birbirlerine sarılmışlar. Kızının ağzından şu sözler dökülmüş: "O kadar korktum ki! Kapın açıktı, birilerinin sana zarar vermiş olduğunu düşündüm!"

Annesi sakin bir şekilde yanıtlamış kızını, "Korkma kızım. O kapı sen gittiğinden bu yana hiç kilitlenmedi!"

Robert Strand

Bir Günlük Anne

Üç güzel çocuğun annesi olarak, sizlerle paylaşacağım çok güzel anılarım vardır. Ama bunlardan bir tanesi, bir başkasının çocuğuna ait bir anıdır. O an, hiçbir zaman unutamayacağım bir andır.

Michael'ı bir çocuk yuvasından benim yazları çalıştığım kendine güven kazandırma kampına gönderdiler. Michael 12 yaşındaydı ve 12 yıllık yaşamı çok zor koşullar altında geçmişti. Yaşadıkları ülke savaşın pençesinde yerle bir olduktan ve annesi öldükten sonra, babası oğlunu alıp, "daha iyi bir yaşam" umuduyla Amerika'ya gelmişti. Fakat, babası oğlunu kızkardeşinin yanına bırakmıştı ve halası da zavallı çocuğu hem fiziksel, hem de ruhsal olarak istismar etmişti. Çocuğun hiç kimseye güveni yoktu ve birilerinin kendisini sevebileceğine olan inancını yitirmişti.

İlk birkaç gün, kendisi gibi olumsuz, aksi ve öfkeli çocukların yanından ayrılmadı. "Çete"yi kendisine yardım etmeye hazır olan danışmanlara tercih ediyordu. Bizler aralarına girmeyi, onları oldukları gibi kabul etmeyi ve sevmeyi başardık. Dışa vurdukları her bir davranışlarının aslında çok incinmiş iç dünyalarını yansıttığını biliyorduk.

Yedi günlük serüvenimizin beşinci gecesinde, çocukları yıldızların altında kamp kurmaya götürmeye karar verdik. Michael bu haberi duyunca, bu fikri çok "aptalca" bulduğunu ve gitmek istemediğini dile getirdi. Onunla bir güç savaşına girmedik ve biz gece eğlencemizi başlattık.

Gece hava kararıp da ay doğduktan sonra, çocuklar gölün yanındaki geniş alanda uyumak üzere uyku tulumlarını hazırlamaya başladılar.

Michael'ın başı önünde tek başına yürüdüğünü farkettim. Beni görünce hızlı adımlarla yanıma yaklaştı. Öfkesini yatıştırabilmek amacıyla ona, "Hadi Michael, uyku tulumunu hazırlayalım ve arkadaşlarının yanında sana bir yer bulalım" dedim.

Alçak bir sesle, "Benim uyku tulumum yok" dedi.

"Bu sorun değil ki" dedim, "Sana hemen bir yer hazırlarım, bir sürü battaniyemiz var."

Sorununu çözdüm düşüncesiyle, Michael'ın yanından ayrılıp battaniye bulmaya gittim. Fakat Michael arkamdan yetişti ve gömleğimi çekiştirip, beni diğer çocukların yanından uzaklaştırdı.

"Anne" dedi, "sana söylemem gereken bir şey var." Yüzündeki sert ifadenin, duyduğu utançla yumuşadığını farkettim. Kulağıma fısıldayarak, "Benim bir sorunum var... Ben... ben geceleri altımı ıslatıyorum, biliyor musun?" dedi. Bu sözleri kulağıma fısıldadığı ve o anki şaşkınlığımı farketmediği için çok mutlu oldum. Olumsuz davranışlarının nedeninin bu olacağı hiç aklıma gelmemişti. Bana "sorun"unu açtığı için ona teşekkür ettim ve bu gece için neden bu kadar sinirlediğini anladığımı söyledim. Oturduk ve odasında uyumasına birlikte karar verdik. Yatağını hazırladıktan sonra, bana 12 yıllık yaşamının ne kadar zor geçtiğini ve gelecekte her şeyin değişmesini ne kadar çok istediğini anlattı. Ona istediği yaşamı elde etmesi için çok çaba harcaması gerektiğini söyledim. O kadar tatlı, masum ve gerçek görünüyordu ki.

Yatağına girince, arkasını bastırmamı isteyip istemediğini sordum. Merakla, "Arkayı bastırmak ne demek?" diye sordu.

Gözlerim doldu, yorganını arkasına iyice bastırdım ve onu alnından öptüm.

"İyi uykular Michael, harika bir çocuksun!" dedim.

"İyi geceler, ... bana anne gibi davrandığınız için size teşekkür ederim!" dedi.

Ona sarıldım ve "Ben de sana teşekkür ederim, canım" dedim içtenlikle. Kolumun altındaki üç kirli çarşafla odadan çıkarken, gözyaşlarımı tutamıyordum. Bir anneyle oğlu arasında bu denli güzel bir sevginin bir günlüğüne olsa bile yaşanabildiği için Tanrı'ya şükrettim.

Anne Jordan

2

ANNELERİN YARDIMSEVER ELİ ÜZERİNE

*Tanrı her an, her yerde olamayacağı
için anneleri yaratmıştır.*

Bir Arap Atasözü

Yalnızken Oku

13 yaşımdaydım. Ailem bir yıl önce Kuzey Florida'dan Güney Kaliforniya'ya taşınmıştı. Ergenliğe girmiştim ve öç alma duygusuyla yanıp tutuşuyordum. Anneme babama karşı öfke doluydum, söyledikleri her şey, özellikle de benimle ilgiliyse, çılgına dönüyordum. Ergenlik dönemindeki diğer çocuklar gibi, dünyayla ilgili görüşlerime ters düşen her şeyden uzak durmaya çalışıyordum. "Hiçbir yardıma gereksinim duymayan, zeki" bir çocuk olarak, sevgiye karşı koyuyordum. Hatta, sevgi sözcüğü bile sinirlerimi bozmaya yetiyordu.

O gün zor bir gün geçirmiştim. Akşam eve gelince fırtına gibi odama girdim, kapımı hırsla kapattım ve yattım. Yatağımda yatarken, elim yastığımın altına kaydı. Yastığımın altında bir mektup vardı. Mektubu çıkarttım, zarfın üzerinde "Yalnızken oku" yazıyordu.

Odamda yalnız olduğum için, mektubu açıp okuyabilirdim, kimse de okuyup okumadığımı anlamazdı. Mektupta şunlar yazılıydı: "Mike, bugünlerde zor günler geçirdiğini biliyorum. Canının sıkkın olduğunu ve her şeyi doğru yapmadığımızı da biliyorum. Ayrıca, seni çok sevdiğimi, ne yaparsan yap, ne söylersen söyle, sana olan sevgimin değişmeyeceğini de biliyorum. Eğer benimle konuşmak istersen, ben hazırım, istemezsen, o da senin kararın. Sadece, yaşamında ne yaparsan yap, nereye gidersen git, seni her zaman seveceğim ve senin gibi bir oğlum olduğu için gurur duyacağım. Yanındayım ve seni seviyorum - bu hiçbir zaman değişmeyecek. Sevgiler, Annen.

Bu mektup, sonraki "Yalnızken oku" notuyla gelen pek çok mektubun ilkiydi. Ben yetişkin bir insan olana kadar bu mektuplardan ikimiz de hiç söz etmedik.

Ben bugün insanlara yardım etmek amacıyla dünyayı geziyorum. Geçenlerde bir seminer vermek üzere Saratosa, Florida'ydım. Seminerin sonunda yanıma bir hanım geldi ve oğluyla yaşadığı sorunlardan söz etti. Birlikte sahile çıktık ve yürümeye başladık. Ona annemin ölümsüz sevgisinden ve "Yalnızken" okumamı istediği mektuplarından söz ettim. Birkaç hafta sonra bana oğluna ilk mektubunu yazdığını bildiren bir kart gönderdi.

O gece yattığımda, elimi yastığımın altına soktum ve annemin her mektubunu aldığımda ne kadar rahatladığımı anımsadım. Zor geçen ergenlik yıllarımda, o mektuplar her koşulda sevildiğimi hissettirdi bana. Uykuya dalmadan önce, annemin öfkeli bir ergenin neye gereksinim duyduğunu çok iyi bildiği için Tanrı'ya şükrettim. Bugün sakin denizlerimde fırtınalar koptuğu zaman, yastığımın altındaki sevginin -tutarlı ve koşulsuz sevgi- her şeyi değiştirdiğini çok iyi biliyorum.

Mike Staver

Annem Diyor ki...

Anne sevgisi insanoğlunun olanaksızı başarmasını sağlayan tek şeydir.

Marion C. Garretty

West Point'ten mezun olduktan ve Birleşik Devletler Ordusunda bir burs kazandıktan sonra, ailemin Mystic, Connecticut'taki evinde birkaç hafta tatil yaptım. Bir akşam yemekte ertesi kış komando okuluna gitmeyi ne kadar çok istediğimi dile getirdim.

Komando okulundan uzun uzun söz ettim anneme babama. Ordu, sadece en iyi askerlerini çok zorlu kurslara gönderiyordu. O erkekler orada günde sadece bir kez yemek yiyor, günde sadece iki-üç saat uyuyor ve tüm askerlerin besin gereksinimlerinin yer aldığı çuvalları 30 kilometre taşıyorlardı. Düşmana esir düştükleri zaman hayatta kalmayı, baskınlar yapmayı, düşmanı pusuya düşürmeyi ve keşif misyonları yapmayı öğreniyorlardı. Ve genellikle her üç öğrenciden sadece biri bu kursu başarıyla tamamlayabiliyordu.

Annemin tepkisi beni çok şaşırttı. Beni yüreklendirmediği gibi, çok tedirgin davrandı. Benim yaralanma olasılığımın ne olduğunu öğrenmek istiyordu. Sonra da böyle bir şeyi neden bu kadar çok istediğimi sordu. Annem bu eğitimler sırasında askerlerden bazılarının öldüğünü çok iyi biliyordu.

Anneme bu okula gitmek zorunda olmadığımı söyledim. Bir subay olarak bu okula gitmenin kariyerime herhangi bir katkısı olmayacaktı. Sadece bu işi başarıp başaramayacağımı bilmek istiyordum. Annem beni sessizce dinledi ve başka hiçbir soru sormadı. Duygularını anlayabiliyordum. Ya da bana öyle geldi.

Bu konuşmadan kısa bir süre sonra, Missouri'deki Leonard Wood Üssündeki Mühendis Subaylar Temel Kursuna (EOBC) katılmak üzere evden ayrıldım. Bu kursu tamamladıktan sonra, Almanya'da bir inşaat taburuna katılacaktım. EOBC'deki ikinci haftamda, komando okulunda bir brifinge katıldım. Brifingin sonunda, görevli subay komando olma şansımızın pek de yüksek olmadığını dile getirdi. Odadaki 60 subaydan sadece altısının komando olma şansı vardı. Önümüzdeki üç ay boyunca beş değişik alanda kıyasıya yarışacaktık: Formda olmak, açık arazide yol bulmak, düğüm atmak, yüzme ve akademik çalışmalar. Bütün bu alanlarda en başarılı olan altı kişi sonunda komando olacaktı.

O gece annemi babamı aradım. "Komando Okuluna girebilme şansım çok düşük" dedim ve katılanların sayısından ve kaç kişinin kabul edileceğinden söz ettim. Bu haberin annemi rahatlatacağını biliyordum. Ama rahatlatmadı. Annem, benim şu anda karşı karşıya kaldığım durumun Komando Okulundan daha tehlikeli olduğunu biliyordu. Düşlediğim şeye ulaşmam çok güçtü. Beni yüreklendirmeye çalıştı.

Bana, "Başarabilirsin" dedi, "Komando Okuluna gitmeyi ne kadar çok istediğini biliyorum ve o okula gitmeye hak kazanacağını da biliyorum. Başaracaksın!" Sözleri bana cesaret verdi, artık kararımı vermiştim.

Sonraki üç ay boyunca altmışımız da büyük bir yarış sergiledik. Her hafta anneme babama bilgi veriyordum. Annem beni yüreklendirmekten hiç vazgeçmedi. Hep başaracağımı söyledi durdu.

Ekim sonuna doğru bir gün eğitim alanından üsse dönmek üzere otobüse biniyordum, geç kaldığım için otobüse en son ben bindim. Tam basamakları çıkmıştım ki, otobüsün arkalarından bir ses, "Hey, Whittle, haberi duydun mu?" diye bağırdı.

Durdum, herkes bana bakıyordu. Bunun iyi bir haber olmadığını ve Komando Okuluyla ilgili olduğunu anlamıştım. "Neymiş?" diye sordum.

"Komutan, inşaat taburuna gidenlerin Komando Okuluna alınmayacaklarını söylemiş." Yıkılmıştım. Onca çabadan sonra gidemiyordum.

Sessizce tepkimi bekleyen herkesin önünde başımı dikleştirdim ve tek tek herkesin yüzüne baktım. Hepsi de tepkimin ne olacağını merak ediyordu. Aklıma ilk gelen annemin sözleri oldu. Gülümsedim ve "Sanırım komutan annemle konuşmadı daha, çünkü annem benim Komando Okuluna gideceğimi söylüyor." Otobüsteki herkes kahkahalarla gülmeye başladı.

Benim bu sözlerim bir anda fakültenin dört bir yanına yayıldı. Bir hafta sonra da komutan kararını değiştirdi. Sanırım annemi üzmek istemedi.

Yarışın sonuçları açıklandı. Ben altıncı olmuştum. Annem haklı çıkmıştı. 30 Kasım 1990'da Komando Okuluna başladım ve 19 Mart 1991'de mezun oldum.

Robert F. Whittle Jr.

"Anne, lütfen!"

Kucaklaşmak

Bir dokunuş, binlerce sözcüğe değer.

Harold Bloomfield

En küçük kızım Bernadette 10 yaşına geldiğinde, onun için çok kaygılanıyordum. Son dört yıl ailemiz için çok zor bir dönem olmuştu. Bernadette büyükannesine ve büyükbabasına çok düşkündü, onlar da Bernadette'in üstüne titrerlerdi. Çok kısa aralıklarla ikisi de öldü.

İnsanın çok yakınlarını kaybetmesi çok zordur, hele ölümün küçük bir çocuğun üzerindeki etkisi çok daha fazladır. Bernadette çok duyarlı ve sevgi dolu bir çocuk olduğu için, bu iki kayıp ona çok zor gelmişti. O sırada 10 yaşına gelmişti ve sizlere depresyon olarak tanımlayabileceğim bir ruh hali içindeydi. Yaklaşık bir yıl boyunca hiç gülümsemedi. Gözlerindeki kıvılcım sönmüştü sanki.

Ne yapacağımı bilemez bir haldeydim. Bernadette kendisi için kaygılandığımın farkındaydı ve bu, onun içinde bulunduğu durumu daha da zorlaştırıyordu. Bir gün Bernadette okula gittikten sonra, oturdum düşünmeye başladım. Benim ailemdeki herkes her zaman kucaklaşmayı, birbirine sarılmayı severdi. Ben çocukken, annem babam, büyükannelerim büyükbabalarım, teyzelerim halalarım, amcalarım ve dayılarım bizleri sık sık kucaklarlardı. Evlenip, annemin babamın yanından ayrıldıktan sonra, ne zaman başım derde girse, gözümde kendimi babamın kucağında ona sıkı sıkı sarılmış olarak canlandırırdım. Çok özlediğim babama, "Sevgili babacığım" dedim yine, "Bernadette'e yardım etmek için ne yapabilirim?"

O anda aklıma harika bir şey geldi. Yakın bir zaman önce kucaklaşmanın tedavi edici özellikleri hakkında bir yazı okumuştum. Acaba şu "kucaklama tedavisi"nin kızıma bir yararı olur muydu?

O günden itibaren her fırsatta kızıma sarılmaya, onu içtenlikle kucaklamaya başladım.

Yavaş yavaş Bernadette'in eski neşesi yerine gelmeye başlamıştı. Artık daha sık gülümsüyordu ve gözlerinin içi parlamaya başlamıştı yine eskisi gibi. Birkaç ay içinde iyice sağlığına kavuştu, adeta bir çiçek gibi açtı.

Kullandığım stratejiden Bernadette'e hiç söz etmedim. Fakat o kucaklaşmanın ne kadar önemli bir şey olduğunu öğrendi. Ne zaman başı derde girse, ne zaman canı bir şeye sıkılsa, kendisini kucaklamamı istedi benden. Ya da beni her gergin ya da mutsuz gördüğünde bana, "Kucaklaşabiliriz, istersen" derdi. Kucaklaşmak çok geçmeden bir alışkanlığa dönüşmüştü.

Aradan yıllar geçti. Kucaklaşmak bizi o kadar rahatlatıyordu ki, günün birinde bunun karşımıza bir sorun olarak çıkacağını hiç aklımıza getirmemiştik. Üniversite konusunda bir seçim yapma zamanı geldiğinde, çok ciddi bir sorunla karşı karşıya geldiğimizi anladık ikimiz de. Seçtiği üniversite evimizden 1.700 mil uzaktaydı.

Bernadette üniversiteye gitmek üzere evden ayrılmadan bir hafta önce doğum günümü kutladık. Doğum günümden bir hafta önce bana benim için mükemmel bir armağan seçtiğini söylemişti. Bir süre gizli alışverişlere çıktı, sonra da odasına kapanıp, sürpriz armağanını hazırlamayı sürdürdü.

Doğum günümde bana çok güzel bir şekilde paketlenmiş armağanımı verdi. Heyecanlı bir ses tonuyla, armağanımı aptalca bulacağımdan korktuğunu dile getirdi.

Paketin yanında verdiği zarfı açtığımda, içinde bir öykünün fotokopisi çıktı. Öyküyü yüksek sesle okumamı istedi benden. Öykü, Tavuk Suyuna Çorba serisinden seçilmiş bir öyküydü ve "Kucaklamayı Bilen Yargıç" adını taşıyordu. Emekli bir yargıç olan ve gereksinim duyan herkesi içtenlikle kucaklayan Lee Shapiro'nun öyküsüydü bu. Lee Shapiro, bir kucaklaşmanın karşılığında yabancılara verebileceği kendiliğinden yapışan kalplerden oluşan bir Kucaklama Seti yapmış. Bir bün bir arkadaşı kendisini Güçsüzler Yurduna götürmüş. Oradaki herkesin kucaklanmaya gereksinimleri varmış. O gün orada yatalak bir adam görmüş. Yargıç o adamı da kucaklamış ve zavallı adam 23 yıldır ilk kez gülümsemiş. Öykü şöyle bitiyordu: "Bazen başkalarının yaşamlarında ufak bir değişiklik yapmak çok kolaydır."

Çok etkilenmiştim, armağan paketimi açtım ve o anda yanaklarımdan süzülen yaşları farkettim. Paketin içinden üzerine simlerle "Kucaklaşmalar" yazılı bir teneke kutu çıktı, kutunun içi ağzına kadar, kalp şeklinde elde dikilmiş minik yastıklarla doluydu.

Bernadette şimdi bizlerden çok uzakta, ama ne zaman o teneke kutuya baksam, onu kucaklamış gibi oluyorum.

Bazı aileler çocuklarına para ya da ün, miras bırakırlar. Ama ben babamın beni kucaklamalarının değerini çok iyi biliyorum ve bu çok önemli özelliği çocuklarıma ve onların da çocuklarına bırakabilirsem, ailemdeki herkesin çok mutlu olacağını biliyorum.

Loretta Hall

"İşte en sevdiğim yer burası - senin kucağın."

Sarımsak Öyküleri

Ne zaman aklıma annem gelse, gözümde annemin mutfakta bizlere hastalandığımız zaman iyi gelecek bir şeyler hazırladığı canlanır. Annemin okuması yazması yoktu, ama çok görmüş geçirmiş bir kadındı. Gözlerinde ölüm meleği Mala-ha-muvis bakışlarıyla çocukluk hastalıklarımızı iyi etmeye çalışırdı. Kötü olan her şeye karşıydı. Kötülüklerin ve hastalıkların annemin gücü karşısında yapabileceği pek bir şey yoktu. Ancak, bizim için bir sorun vardı, annemin hazırladığı bütün reçeteler sarımsak kokardı!

"Al şunu, önce gargara yap, sonra da yut."

"Ama anne," derdim, "bu sarımsak ve ben sarımsaktan nefret ediyorum. Nefesim kokuyor."

"Ne olur kokarsa? Boğazın ağrıyor. Gargara yap! Mala-hamuvis de dayanamaz bu kokuya."

Ertesi gün elbette boğazım ağrımazdı kalktığımda. Bu hep böyleydi. Ateşimiz çıktığı zaman sarımsağı ezer ve onunla kompres yapardı. Burnumuz aktığında ya da dişimiz ağrıdığında ise, sarımsak lapası yapardı. Bazı aileler güzel sabun kokarken, bizler gulaş gibi kokardık.

Annemin evde hazırladığı her antibiyotik dozu, uğursuzlukları, kötülükleri evimizden kovarken, annemin mırıltılarını anlamaya çalışırdık. Bütün bunlar sizlere boş bir inanç gibi gelebilir, ama o zamanlar çevremizdeki herkes bizden pek farklı değildi, sadece ufak tefek etnik farklılıklar söz konusuydu. Arkadaşım Ricci'nin gömleğine dikili bitki çaylarından bir torba, Yunanlı arkadaşım Steve'in ise giysilerinin gizli bir yerinde tütün kesecikleri bulunurdu. Onlara "nazarlık" derdi.

Çağdaş tıbbın mucizelerinden çok önceleri, çevremizde yaşayan herkesin kendine özgü tedavi yöntemleri vardı. Annelerinin tedavi amacıyla çocuklarında kullandıkları onca kokulu malzemeden sonra, 35 kişilik o sınıfların kokusunu düşünebiliyor musunuz? Ne koku Tanrım! Beşinci sınıftaki öğretmenimiz Bayan Harrison hiç dayanamazdı bu kokulara. Gözleri dolardı ve ben bunun nedenini bir türlü anlamazdım.

Bizlere bağırırdı, "Annelerinize söyleyin, sizi sarımsakla yıkamaktan vazgeçsin!" Burnunu ipek mendiliyle kapatmaya çalışır, "Bu kokuya dayanamıyorum! Anlıyor musunuz?"

Belli ki, Bayan Harrison bu tür ilaçlar kullanan bir etnik gruba ait değildi. Bizim burnumuza hiç koku gelmezdi ki.

Fakat çocuk felci salgın olunca, annem düşmanını yeni silahlarıyla karşıladı. Bu kez kokuya ben de dayanamıyordum. Hepimizin boynuna, içleri sarımsak, kafur ve Tanrı bilir başka neler doldurduğu ufak keten keseler astı. Bu kez Bayan Harrison sesini çıkarmadı, ama pencerelerin hepsi açık ders yapmaya başladık. Ve annem düşmanı yine yendi elbette. Hiçbirimiz yakalanmadık o berbat hastalığa.

Annemin yaşamında bir kez başarısız olduğuna tanık oldum. Kardeşim Harry difteriye yakalanmıştı ve bu kez sarımsak işe yaramadı. Bunun üzerine bilgi dağarcığından farklı bir reçete denemeye karar verdi. Harry soluk alabilmek için adeta savaş vermeye başlayınca annem hepimizden Tanrı'nın David'in yaşamını kurtarması için yüksek sesle dua etmemizi istedi.

Anneme hep bir ağızdan "David kim anne?" diye sorduk.

"Yataktaki David işte" dedi.

"Hayır anne, o kardeşimiz Harry" dedik ve annemin sonunda çıldırdığını düşündük.

Annem bizlere sarıldı ve yüksek sesle, "O David, anladınız mı?" dedi. Sonra da sesini alçaltıp, "Mala-ha-muvis'i kandırmaya çalışıyoruz. Eğer onun David olduğuna inanırsa, Harry'yi rahat bırakacaktır. Sizlerden yüksek sesle konuşmanızı istediğimde, dediğimi yapın."

Annem ölüm meleğiyle konuşurken, biz de sessizce annemi dinledik.

Annem, "Mala-ha-muvis" dedi, "beni dinle. Yanlış çocuğa geldin. Yataktaki çocuk David. Bu evde Harry diye biri yok. Çek git! David'i rahat bırak! Hata yapıyorsun!"

Sonra bize işaret etti ve hep bir ağızdan bağırmaya başladık, "Mala-ha-muvis, annem doğru söylüyor! Doğru söylüyor! Bizim Harry diye bir kardeşimiz yok. Bizim kardeşimiz David. David, Mala-ha-muvis!

Biz kardeşimizi rahat bırakması için Mala-ha-muvis'e yalvarırken, annem de İbranice ve yıllar öncesinden anımsadığı değişik dillerin karışımı garip bir dilde birşeyler söylüyordu. Bütün bir gece üç kardeş hiç uyumadık ve ölüm meleğini kandırmaya çalıştık.

David ölmedi. Bu doğru - gördüğünüz gibi David dedim. O günden sonra Harry adı aklımızdan silindi. Batıl inançlara gelince? Neden böyle bir şansı değerlendirmeyelim ki?

Yıllar geçti ve hepimiz büyüdük, evimizden ayrıldık ve eğitim gördük. Annem artık ilaç yapmıyordu. Ben 47 yaşıma geldiğimde bir kalp krizi geçirdim. Annemin beni ziyaret edip, hastane odasından çıktıktan sonra, hemşirenin yüzündeki rahatlama ifadesini hiç unutamıyorum.

"Anneniz ne kokuyordu öyle? Sarımsak mı?" dedi. Oysa, benim burnuma hiç koku gelmemişti. Ama annemin gizlice yastığımın altına sarımsak koyduğunu biliyordum. Yastığımın altındaki minik kesenin içinde sarımsak, kafur ve adını bilmediğim değişik otlar vardı.

Mike Lipstock

Diş Perisi

Annebabalar olarak hepimiz çocuklarımızın iyi kişilik özellikleri edinmeleri ve ileride başarılı insanlar olmaları için çaba gösteririz. Beş çocuğumuzun en büyükleri olan Meegan'ın altı yaşına geldiğinde ön dişlerinden biri düştü. Meegan'ın minicik dişini sardığı kağıda bir not yazdığını farkettik.

Sevgili Diş Perisi. Lütfen bana sihirli çubuğunu bırak. Sana yardım etmek ve ben de diş perisi olmak istiyorum.

Sevgiler, Meegan

Potansiyel liderlik özelliklerini bilen ve onu eğitmek için bu fırsatı değerlendirmek isteyen "Diş Perisi" küçük Meegan'a şu notu bıraktı:

Sevgili Meegan,

İyi bir Diş Perisi olabilmek için çok çalıştım ve işimi çok seviyorum. Ama sen bu işi yapamayacak kadar küçüksün, bu yüzden sihirli çubuğumu sana bırakamam. Ama bu işe hazırlanmak için yapabileceğin bazı şeyler var:

1)Yaptığın her işi, her zaman iyi yap.

2) Başkalarının sana nasıl davranmalarını istiyorsan, sen de onlara öyle davran.

3) Başkalarına karşı kibar ve yardımsever ol.

4) Başkaları sana bir şey söylediklerinde, onları iyi dinle.

Büyüdüğün ve bu iş için hazır olduğunda seni sınayacağım.

İyi şanslar, Meegan!
Diş Perisi

Meegan Diş Perisinden yanıt alınca çok mutlu oldu. Mesajı çok ciddiye aldı ve perinin isteklerine uydu ve büyüdükçe de bu özelliklerinin daha da geliştiğini farkettik. Meegan büyüdükçe kişiliği, gücü ve liderlik özelliği gelişti.

Meegan üniversiteyi bitirdikten sonra, yönetici olarak çok iyi bir iş buldu. İşinde çok ilerledi ve 27 yaşına geldiğinde şirketin genel müdürü oldu.

Bir gün Meegan ile başarıları hakkında konuşuyorduk. Bana bir gün şirket başkanının kendisine başarısının sırrını sorduğunu söyledi.

"Ona ne yanıt verdin?" diye sordum.

"Annem, babam, öğretmenim ve arkadaşlarım. Ve elbette, Diş Perisi!"

Suzanne Moustakas

"Diş perisi arıyor. Dişimi hemen gönderirsem, paramı banka hesabıma hemen transfer edeceğini söylüyor."

Sevgi Notları

Çocuklarımın her biri okula başladığı günden beri, öğle yemeklerini evden hazırlarım. Ve hazırladığım her bir yemek paketinin içine bir not yazarım. Notlarımı genellikle peçetelerinin üzerine yazarım. Bu notlar ya çok özel bir şey için bir teşekkür notudur, ya yaşadığımız hoş bir anı anımsatan bir nottur ya da bir sınav veya bir spor karşılaşması için onları yüreklendirmek amacıyla yazdığım birşeylerdir.

Küçükken bu notlara bayılırlardı. Okuldan döndüklerinde yazdığım not hakkında yorumlarda bulunurlardı. Ben tekrar işe başlayıp, öğretmenliğe döndükten sonra da, onlar benim öğle yemeği paketlerimin içine notlar yazarlardı. Çocuklar büyüdükçe daha utangaç oluyorlar. Oğlum Marc liseye başlayınca, benden artık kendisine bu tür notlar yazmamamı istedi. Kendisine bu notları sadece onun için değil, kendim içim de yazdığımı, istemiyorsa bu notları okumayabileceğini, ama yazmak istediğimi söyledim ve bu geleneği mezun olana kadar sürdürdüm.

Marc liseden mezun olduktan altı yıl sonra, birkaç ay bizimle yaşamasının mümkün olup olmadığını sordu. Üniversiteyi bitirdikten sonra, Washington D.C.'de master yapmış, sonra da bir burs alıp, doktorasını tamamlamış ve Sacramento'da savcı olarak çalışmaya başlamıştı. Fakat, tatiller dışında hep evden uzak yaşamıştı. O yıl kız kardeşi üniversiteye gitmek üzere evden ayrıldığı için, Marc'ın yanımıza gelmesi beni çok mutlu etmişti.

Marc yanımıza geldikten ve biraz dinlendikten birkaç hafta sonra işe girdi. Küçük kardeşine hergün hâlâ öğle yemeği hazırladığım için, Marc'a da hazırlamaya başladım. İlk gün 24 yaşındaki oğlum bana telefon açıp, hazırladığım yemekten yakınmaya başlayınca çok şaşırdım.

"Anne, yanlış bir şey mi yaptım? Ben senin çocuğun değil miyim? Yoksa artık beni sevmiyor musun?" Bütün bunları bir çırpıda söyleyince, gülerek ne olduğunu sordum.

"Notum nerede, anne?" dedi. "Notumu unutmuşsun."

Bu yıl en küçük oğlum lise son sınıfta. Artık o da benden kendisine not yazmamamı isteyip, büyüdüğünü dile getirdi. Ama o da ağabeyi ve ablası gibi, üniversiteyi bitirene kadar ve belki de sonradan bu notları almayı sürdürecek.

Antoinette Kuritz

Yaşam Kurtaran Kemer

Ben çok şanslı bir anneyim. Beni hiç üzmeyen, akıllı, yakışıklı ve iyi bir oğlum var. Alan'ın 16. doğum günü yaklaşırken evde büyük bir heyecan yaşanmaya başlamıştı. Alan ehliyet alacaktı.

Doğum gününden bir ay kadar önce, okuduğu lisede emniyet kemerlerinin yaşam kurtarma konusundaki önemi hakkında bir konuşma vardı. Konuşmacılardan Kathy Hezlep adında birisi bir yıl önce bir trafik kazasında oğlunu kaybetmişti. Kathy'den bir konuşma yapması istendiğinde, Kathy önce pek istememiş. Oğlunun ölümünü henüz kolay kolay kabullenemiyormuş. Kendisini çok çaresiz hissettiği için de oradaki çocuklara ne söyleyeceğini bilmiyormuş.

Fakat okul yönetimi kendisini ikna etmiş. Kathy bir annenin oğlunu kaybetmesinin ne kadar zor bir şey olduğunu dile getirdi önce. Yataktan çıkacak gücünün olmadığı günleri olmuş. O kadar yürekten konuşuyordu ki, oğlumun Kathy'yi can kulağıyla dinlediğini farkettim. O gün eve Alan ile birlikte geldik ve o kaza hakkında konuştuk. Kathy'nin oğlunu tek başına büyütmesi (benim gibi) ve oğlu Ryan'ın tek çocuğu (Alan gibi) olması ilginçti.

Sonunda büyük gün geldi çattı ve Florida eyaleti yetkilileri "çocuğuma" ehliyet verdi. O an, oğlumun arabamıza tek başına binip kullanması fikrinden daha korkunç bir şey düşünemiyordum. Ama yanılmışım.

Alan ehliyetini aldıktan sonra, her anne babanın korkulu düşü olan telefon geldi. Polis, oğlumun bir virajı alamayıp, arabanın kontrolünü kaybettiğini söyledi. Yolun yanındaki göle düşmemişti ve önündeki trafik ışıklarının direğine de çarpmamıştı, ama tüm hızıyla bir elektrik direğine çarpmıştı. Neyse ki, çok süratli değilmiş, çünkü direğe daha şiddetli çarpsaymış, hem kendisi, hem de arabadaki iki arkadaşı ölürmüş.

Kaza yerine gidip, arabayı hurda halinde gördüğümde, yere yığıldım. O arabadan üç çocuğun sağ çıkmasına şaşırmıştım. "Oğlumu bir melek kurtarmış olmalı" dedim kendi kendime. Haklıymışım.

Hastaneye gittiğimde, Alan'la kaza hakkında konuştuk. Arabaya bindiklerinde hiçbirinin emniyet kemeri takılı değilmiş, ama oğlum Kathy Hezlep'in sözlerini anımsayınca, hem kendisi kemerini takmış, hem de arkadaşlarına kemerlerini takmaları için ısrar etmiş. Yaşamları işte bu nedenle kurtulmuştu.

Benim ailem şanslı bir aile. Her ikimiz de en değerli şeye sahibiz - birbirimize. Kathy Hezlep'a karşı sonsuz bir hayranlık, sevgi ve saygı duyuyorum. O, büyük kaybına karşın, çıkıp bir konuşma yaptı ve üç çocuğun yaşamlarını kurtardı. Kathy benim gözümde bir süperstardır.

Randee Goldsmith

Şanssız Bir Gün

Başarısızlık bir yenilgi değildir,
sadece başarınızın ertelenmesidir.
Geçici olarak kullandığınız bir yoldur,
bir çıkmaz sokak değil.

William Arthur Ward

Bir anne olarak ne zaman yardıma gereksinim duysam, ruhuma en soğuk havalarda bile çiçek açan bir bitkinin tohumlarını eken iki kadını, annemi ve büyükannemi anımsarım.

O gün ters bir gündü. Eve geldiğimde kapıda doğalgazın ikinci ihbarını buldum. Çocuklarımın üçünün de suratları asıktı.

Berber 11 yaşındaki Tommy'nin saçını çok kötü traş ettiği için, sürekli şapka takıyordu. "Öğretmenim şapkamı aldı ve geri vermedi, çünkü centilmen bir erkek kapalı yerlerde şapka takmazmış." Gün boyu "kel", "dazlak" gibi sözlere maruz kalmıştı okulda. Benimle konuşurken de iki eliyle başını örtmeye çalışıyordu.

Lisa ilk elemelerde başarılı olduğu heceleme yarışmasında, korkmak fiilini doğru heceleyemediği için elenmişti.

Birinci sınıftaki Jenni ise, okuma dersinde kıkırdadığı için cezaya kalmıştı.

"Tamam çocuklar, anladım. Bugün hepimiz için şanssız bir gün. Öyleyse bugünü kutlayalım!" Çocuklar bu sözlerime çok şaşırdıkları için, boş boş yüzüme baktılar. "Büyükannem Towse her zaman 'Başarısızlıklarımızdan, başarılarımızdan aldığımızdan daha çok ders alırız' derdi. Hadi bugünkü başarısızlıklarımızı kutlamak için McDonald's'a gidelim."

O günden sonra, benzer pek çok kutlama yaptık ve yaşadığımız trajediden olumsuz bir biçimde etkilenmek yerine, ders almayı öğrendik. Umarım, ben de çocuklarımın ruhlarına benden önceki iki bilge kadının yaptıkları gibi, umut tohumları atabilmişimdir.

Judith Towse-Roberts

"Bu menünün adı "Happy Meal', çünkü ben hazırlamıyorum."

Geceyarısı Gelen Beklenmedik Konuk

Telefonun hâlâ bir mucize, otomobillerin sadece birkaç insanın sahip olduğu bir lüks ve çamurlu yolların günlük yaşamın bir parçası olan küçük bir kasabada büyüdüm. O günler, Ekonomik Kriz sözcüğünü kimselerin bilmediği, komşuların birbirlerine hâlâ güvenebildikleri güzel günlerdi. O günlere ait bir anım vardır:

Ekim ayının başlarında pek sık rastlanmayan bir fırtına, karanlık gecede pencerelerimizi sarsıyor ve dışarıda deli gibi bir yağmur yağıyordu. Arkansas'ın bu küçücük kasabasındaki küçücük kulübemiz sanki zangır zangır titriyordu. Dışarıdaki fırtına, oturma odamızdaki masanın üstünde yanmakta olan gaz lambasının bile alevini titretiyordu.

Dokuz yaşımdaydım ve evimizin her an yıkılacağından korkuyordum. Babam kuzeye iş aramaya gitmişti ve kendimi her zamankinden daha korumasız hissediyordum. Fakat, annem nasılsa sakin sakin oturmuş, eski giysilerini birkaç yıl daha giyebilmek için tersyüz ediyordu.

Biraz sohbet edebiliriz umuduyla, "Anneciğim, yeni giysilere gereksinimin var" dedim. Böyle bir gecede biraz rahatlayabilmek için, insan sesi duymak istiyordum.

Annem bana sarıldı ve "Esas senin yeni giysilere gereksinimin var, çünkü sen okula gidiyorsun" dedi.

"Ama senin bir palton bile yok."

"Tanrı her isteğimizi yerine getirecektir. O her zaman bizlere söz verir ve sözünü tutar, ama O istediği zaman. Paltomun olmaması o kadar da önemli değil benim için."

Annemin bu inatçı, ama kaderci yaklaşımına gıpta ettim. Özellikle de böyle bir gecede. Fırtına bir an şiddetlendi ve şöminenin bacasından girip, külleri dağıttı.

"Anneciğim, bu gece kapıları kilitleyebilir miyiz?" diye sordum.

Annem elindeki kürekle etrafa saçılan külleri toparlayıp, ateşin üzerine atarken bana gülümsedi. "Edith, kapımızı kilitlesek de fırtına dinmez ki. Biliyorsun böyle gecelerde hiç kapımızı kilitlemeyiz, komşularımız da kilitlemez. Çünkü fırtınada her an zor durumda kalmış birisi gelebilir.

Masanın üzerindeki gaz lambasını eline aldı ve yatak odasına doğru yürüdü. Arkasından gittim, koşturarak.

Beni yatağıma yatırdı, fakat eski sabahlığını tam çıkarmak üzereydi ki, sokak kapımız açıldı ve içeriye yağmurdan ıslanmış toprak kokusu girdi ve odadaki eşyaların rüzgarın etkisiyle yerlere düştüğünü işittik. Hemen sonra da kapı kapandı.

"Bütün bu sesi fırtına çıkartmış olamaz." Annem lambayı eline aldı ve oturma odasına gitti. Annemle birlikte gitmekten korktum. Odada yalnız kalma düşüncesi ise daha çok korkuttu beni.

Oturma odasında ilk gözümüze çarpan, annemin yere düşmüş dikiş sepetiydi. Sonra çıplak tahta döşemelerin üzerinde kapıdan şömineye uzanan çamurlu ayak izlerini farkettik.

Sırılsıklam olmuş, kısa boylu ve tıknaz bir adam şöminenin karşısında oturuyordu. Nefesi berbat kokuyordu. Sol eli oturduğu koltuğun yanından sallanıyor ve elinde bir şişe tutuyordu. "Anne, bu Bay Hall!"

Annem sadece başını salladı küllere gömdüğü kömür parçalarını kürekle çıkarttı ve mutfaktaki kuzineye taşıdı. Sonra da bana, "Ben kahve yapacağım. Sen ateşi güçlendir ki, konuğumuz üşümesin."

"Ama, anne, o sarhoş!"

"Evet, o kadar sarhoş ki, sanırım kendi evi diye bizim evimize girdi."

"Ama kendi evi çeyrek mil aşağıda."

"Küçük hanım, Bay Hall her zaman içmez. Bu gece ne oldu, bilmiyorum. O iyi bir adamdır."

Bay Hall'un her gün otobana çıkıp, orada birisinin arabasıyla Little Rock'taki küçük terzi dükkânına gittiğini biliyordum. Haftanın her günü uzun saatler dikiş dikerdi. Cumartesi günleri ise, bastonuna yaslana yaslana evine gelirdi.

Annem düşüncelerimi okumuş gibi, bana fısıltıyla, "Zaman zaman kendisini çok yalnız hissediyor olmalı" dedi.

Mutfak kapısının eşiğinde, aklıma bir anda bir şey geldi. "Anne, herkes Bay Hall'un sarhoş olması hakkında ne düşünür?"

"Hiç kimse bu konuda bir şey öğrenmeyecek. Beni anlıyor musun?"

"Evet, anne."

Dışarıdaki fırtına giderek şiddetlenirken, annem Bay Hall'a sıcacık bir kahve yaptı. Bay Hall'un başını tutup kaldırdı ve ona yavaş yavaş kahveyi içirdi. Bay Hall gözlerini açıp, bizi farkettiğinde kahve fincanı neredeyse boşalmıştı. "Bayan Underwood."

"Evet, Bay Hall, şimdi kendinizi daha iyi hissedeceksiniz."

Annem boş fincanı mutfağa götürdüğünde, bastonuna dayanarak ayağa kalktı, üstüne verdiğimiz ikiye katlı battaniyeyi sandalyenin üzerine koydu ve dışarıya çıktı. Onun bahçe kapısına doğru yalpalayarak yürüyüşünü izledik, şimşek çaktığında daha net görebiliyorduk onu.

"Sanırım konuğumuz evine kadar gidebilir artık."

"Anneciğim, neden ona konuğumuz diyorsun?" diye sordum. "O sadece komşumuz bizim. Biz onu davet etmedik ki."

"Konuk senin evine huzur bulmaya gelen herkesdir. O da bizim komşumuz. Merhametli Adam'ın öyküsündeki komşuyu anımsıyor musun?"

"Yabancıya yardım eden adam."

"Gördün mü, o bizim konuğumuz oldu, istemeden, biz de Bay Hall'un komşusu olma şansını yakaladık."

Birkaç hafta sonra, kiliseden eve döndüğümüzde kapımızda asılı kahverengi kağıttan bir torba bulduk. Üzerinde, "Bayan Underwood" yazılıydı.

Annem, "Sanırım Bayan Chiles söz verdiği elbise kalıbını getirmiş. Onun kızı da senin kadar. İstersen sen aç." dedi ve soyunmak üzere odasına gitti.

Torbanın içine baktım. "Anne, olamaz!" diye bağırdım. "Bu sana göre bir palto. Çok güzel!"

Annem elimdeki paltoya bakmak için yanıma geldi. Yavaşça döndü, paltoya önce sağ, sonra da sol kolunu geçirdi. O gün komşuluğun ve dostluğun gerçek anlamını öğrenmekte olduğumu anlamadım. Anladığım tek şey, annemin üzerine denediği paltonun tam üzerine göre olmasıydı.

Edith Dean

3

ANNELERİN CESARETİ ÜZERİNE

Kışın buz gibi havasında, içimde sıcacık bir yaz olduğunu farkettim.

Albert Camus

Oğlum, Ryan

Anne olarak görevim, elimden geleni yapmak ve elimden gelmeyenler için Tanrı'ya dua etmektir.

Ruth Bell Graham

Oğlum Ryan White'ın ölümünden bu yana tam yedi yıl geçti. Ryan'ın hemofilisi vardı. Hemofili hastalarına kanlarının pıhtılaşmasını sağlamak için sık sık kan verildiği için, aldığı kanlardan AIDS kaptı. Bu olay, AIDS hakkında bilginin çok sınırlı olduğu bir dönemde gerçekleşti. Ryan'a AIDS tanısı konduğu zaman, henüz 13 yaşındaydı. Doktorlar, Ryan'ın en fazla altı ay ömrünün kaldığını söylediler.

Ryan altı yıl yaşadı ve "AIDS hastalığına yakalanan ve bu ulusun bu hastalık sayesinde çok şey öğrenmesini olanaklı kılan çocuk" oldu. Başkan Clinton bu sözleri Ryan White Bakım yasasına imzasını attığı gün oğlum Ryan için söyledi. Bu yasa, Amerika'da HIV virüsü taşıyan binlerce insana tıp hizmeti, ilaç, özel hemşire ve hastane bakımı sağlamaktadır. Ryan yaşasaydı, bunca insana yardım edilmesini olanaklı kıldığı için çok mutlu olurdu, biliyorum.

Ryan'ın ölümcül bir hastalığa yakalandığını öğrendiğimiz ilk günlerde, berbat durumdaydım. İki çocuğum vardı ve eşimden ayrıydım, ilk bebeğimi ise kaybedecektim. Buna dayanabileceğimi sanmıyordum. Bütün bunların üzerine, o zamanlar AIDS hakkındaki bilgisizliğin, korkunun ve nefretin pençesine düşmüştük. Ryan okula gitmek istiyor, fakat okulu Ryan'ı kabul etmiyordu. Anne babalar çocuklarının Ryan'dan AIDS kapmasından korkuyorlardı. Bunun üzerine okula savaş açtık ve biz kazandık. Fakat çevremizin yaptığı baskı ve bize gösterdikleri düşmanlık dayanılır gibi değildi. O şehirden taşınmaya karar verdik.

Ryan'ın gittiği yeni lisede bambaşka bir öykü yaşadık. Çocuklar Ryan'ı bağırlarına bastılar. AIDS konusunda eğitim seminerleri düzenlendi ve hiçbir çocuğun bu konuda kafasında bir soru işareti kalmaması için, danışmanlık hizmetleri verildi. Bu hastalık hakkında toplumu eğitmek bir anda Ryan'ın amacı oldu. Ryan AIDS konusunda uluslararası bir sözcü oldu, tüm dünyada televizyon ve radyo programları yayımlandı, gazetelerde yazıları yayımlandı. Bütün bunlar, yaşadıklarımıza bir parça da olsa anlam kattı ve acımızı hafifletti.

Ve biz AIDS ile yaşamayı öğrendik. Bu hastalığın bir kâbusa benzer özelliği, bağışıklık sistemini mahvettiği için, birbiri ardından gelen değişik enfeksiyonların hastayı mahvetmesidir. Her öksürüğünün, her yüksek ateşinin sonuncusu olacağından korkuyordum. AIDS hastalığında, hiçbir zaman herhangi bir semptomun hafif ya da ciddi olduğunu bilemezsiniz. Hastanız birdenbire kötüleşir, sonra iyileşir, ama çok geçmeden eskisinden daha çok hastalanır.

Ryan'ın ruh hali hemen hiçbir zaman çok bozulmadı. Hastaneye gitmesi gerektiğinde bile, bana gülümsemeye çalışıyordu. Ancak, hastalığı ya da okulu nedeniyle bazen bir isteğini yapamıyorsa, örneğin bir konsere gidemiyor, arkadaşlarıyla buluşamıyor ya da ilginç bir yere gidemiyorsa, çok üzülüyor, adeta yıkılıyordu. O zaman onu azarlıyordum. Bunun üzerine hemen kendisini toparlıyor ve özür diliyordu. Bazen bana özel kartlar yazdığı oluyordu.

Eğer bir hastaya bakıyorsanız, onun öfkeli çıkışlarını hiçbir zaman üzerinize almamanız gerekir, çünkü ya hastalık ilerliyordur ya da ilaçlar onu olumsuz etkiliyordur. Konuşan, onun içindeki sevgi dolu yüreği değildir aslında.

Ryan bir gün elimi tuttu ve elimi sallamaya başladı.

"Evet, Ryan. Bana böyle hoş davrandığın zaman, bir şey istiyorsun demektir."

"Hiçbir şey istemiyorum. Bir evlât annesinin elini tutamaz mı?"

"Hadi canım..."

"Hayır, anne. Sadece benim için yaptığın her şeye teşekkür etmek istiyorum. Beni hiç yalnız bırakmadın."

Bu sözlerini hiçbir zaman unutamam. Bir anne olarak duygularımı unutmam da olanaksız.

Bir keresinde bir arkadaşım bana, "Jeanne, nasıl böyle günlük yaşamayı becerebiliyorsun? Üstelik oğlunun öleceğini bile bile." diye sordu.

Onu şöyle yanıtladım: "Ölümü düşünmemeliyiz. Ölümü düşünecek zamanımız yok. Eğer ölümü düşünmeye kalkarsan, o düşünce seni yer bitirir. Yaşam sürmeli ve bizler her anımızı çok iyi değerlendirmeliyiz."

Sonunda Ryan'ın bedeninin dayanma gücü kalmadı. Ryan ölürken, tüm hastane personeli bizim deli olduğumuzu düşünmüştür. Komada bir çocuk ve sürekli adını söyleyen ve kendisiyle konuşan yarı deli bir anne. Hiçbir şey işitmiyordu belki ama, yanında hep müzik çaldık. Hiçbir şey görmüyordu belki ama, odadaki tıbbi monitörlerin üzerlerine, duvarlara posterler ve resimler astık ve hep yanında oturduk. Onu hiç tek başına bırakmadık.

Orada, yanıbaşında zayıf bedenini seyrediyordum ve artık yapabileceğim hiçbir şeyin kalmadığını çok iyi biliyordum.

Ryan bilincini yitirmeden önce bana, "Anne, hâlâ bir şansımız olduğuna inanıyorsan, her şeyi dene" demişti. Denedik. Son ana kadar gereken her şeyi yaptık.

Sonra yanına uzandım ve kulağına fısıldadım: "Tamam, oğlum. Artık gidebilirsin."

Sonra öldü. Onu birkaç dakikalığına tekrar yaşattılar, ama çok geçmeden yine öleceğini çok iyi biliyordum. Hiçbir şansımız kalmamıştı artık. Onca uğraşa karşın, savaşı kaybetmiştik... o anki üzüntümü dile getirmem olanaksız.

Çok yakın bir arkadaşım, "İstersen onlara artık acı çekmesini istemediğini söyleyebilirsin. Kararı sen ver" dedi.

Annemle, babamla ve Ryan'ın kızkardeşi Andrea'yla konuştum. Sonra da doktorlara kararımızı bildirdim. "Artık daha fazla acı çektirmeyin."

Hastalığın ilk günlerinden itibaren Ryan ile ilgilenen başka doktorlar altı aydan fazla ömrünün kalmadığını söylerken, onu altı yıl yaşatan Dr. Marty Kleiman dışarı çıktı ve çok geçmeden oğlumun hiç acı çekmeden uykusunda öldüğünü bildirdi.

Yaşamımızdaki umut kıvılcımı sönmüştü artık.

Bugün, onun ölümünden yedi yıl sonra o kıvılcım yeniden ışımaya başlıyor. Bu günlerdeki ruh halim, gün doğmadan önceki tan vaktine benziyor. Her şeye umutla bakmaya başladım. Evlendim ve yeni eşim Roy yaşamıma tekrar neşe kattı. Kızım Andrea büyüdü ve çok güçlü ve güzel bir insan oldu. Önümde uzanan yaşamı, yaşayacaklarımı, yeni göreceğim yerleri, bir gün dünyaya gelecek torunlarımı umutla bekliyorum. Başımı gökyüzüne kaldırdığım zaman, kapkaranlık bir bulutun kenarından başveren ışığın AIDS'in sonu olacağını biliyorum. Her geçen gün yaşamları neredeyse son bulmuş denen insanlar giderek sağlıklarına kavuşuyorlar. AIDS'in çaresinin bulunacağı günü göreceğime inanıyorum. Hiç de uzak değil. Bu denli büyük bir umuttan daha hoş bir duygu olabilir mi?

Beni bahçem tedavi etti. Burada çiçeklerimin ve meyve ağaçlarımın arasında çalışırken, güneş parlar ve taze yapraklar üzerindeki çiğ taneleri yanıp sönerken, doğanın koynunda çalışıyorum ve ruhumun tazelendiğini hissediyorum. Topraktan çıkarttığım her yabani otun, içimdeki acıyı da beraberinde götürdüğünü hissediyorum.

Çiçeklerin yüzlerine baktığım zaman, yitirdiğim tüm dostlarımın yüzlerini, oğlumun yüzünü görüyorum sanki. Bu pırıl pırıl sabahta tüm çiçekler çok güzel, hepsi gülümser gibi açıyor ve umutla parıldıyorlar.

Bugün için şükürler olsun Tanrım.

Jeanne White

İyi misin Anne?

Telefon çaldığında çok önemli bir rapor üzerinde çalışıyordum. Tam zamanı! diye düşünürken, iki yaşındaki oğlumun bakıcısı, oğlumun pek iyi olmadığını söyledi. "Jordan çok farklı," dedi, "ateşi yok ama, çok bitkin görünüyor."

Yol boyunca Jordan'ı düşündüm ve kendi kendimi sakinleştirmeye çalıştım. Ona hamile olduğumu öğrendiğimde ne kadar şaşırdığımı anımsadım. Genç kız olurken hiç çocuk istemediğime karar vermiştim. Ama, o yıllarda iki küçük kızıyla tek başına yaşayan bir adama aşık olmayı planlamamıştım.

Beş yıllık evlilikten sonra, üvey anne olmaktan çok hoşlandığımı farketmiştim. Bana çok uygun bir roldü ve iki kızım da benden hoşlanıyordu. Fakat, bebek haberine nasıl bir tepki göstereceklerini bilemeyeceklerini ve kendilerini artık güvende hissetmeyeceklerini düşünüyordum. Bana verdikleri tepkiyi anımsadıkça, hâlâ gülerim. Beni babalarından uzaklaştırıp, banyoya götürdüler ve orada bana, "Yani sen babamla seviştin mi?" diye sordular.

O günden yedi ay sonra, yaklaşık 22 saat doğum sancısı çekip, Jordan'ı dünyaya getirebildim. Perez soyadı olan bir aile olarak, gerçekten de kızıl saçlı bir bebek beklemiyorduk. Çok sağlıklı, toplu ve simsiyah gözleri olan bir bebekti.

Büyük kızımız Val sevgiyle kardeşine bakıp, "Ne tatlı, bizi iyice birbirimize bağladı bu bebek" dedi.

Eve ulaştım ve eski günler hakkındaki düşüncelerim son buldu. Jordan uyuyordu, ama nefesi çok sıktı ve ter içindeydi. Hemen onu kucakladım, araba koltuğuna bağladım ve doktorun muayenehanesine doğru yola çıktım.

Yol boyunca bir gözüm yolda, bir gözümse Jordan'daydı. Bakıcı haklıydı. Çok bitkin görünüyordu. Uyanmıştı, ama bitkin ve mutsuz gözlerle bana bakıyordu.

Doktorun muayenehanesine iyice yaklaşmıştık, dönüp tekrar Jordan'a baktım. Jordan'ın dudakları titriyordu, önce yavaş yavaş, sonra hızlandı. Çok geçmeden de ağzından köpükler gelmeye başladı. Tüm bedeni kontrolsüz bir biçimde titriyordu, gözleri kaymıştı. O anda bir nöbet geçirmekte olduğunu anladım. Nöbet başladığı kadar çabuk bitti, ama Jordan koltuğunda tuhaf bir şekilde oturuyordu.

Panik halinde iki trafik ışığını kırmızıda geçtim ve hızla otoparka girdim. Jordan'ı arabadan çıkardığımda felçli gibiydi. Gözleri donuk bir biçimde boşluğa bakıyordu. O zaman onun nefes almadığını farkettim.

Binaya girerken, "Çok kötü!" diye bağırmaya başladım, "Yardım edin!" Doktor çığlıklarımı duydu, beni bekleme odasında karşıladı ve Jordan'ı kucağımdan aldı. Jordan'ın boynundan nabzına baktı ve hemşireden acil yardım ekibini çağırmasını isteyip, kendisi de CPR'yi (ç.n.: Kalbe elektroşok veren tekrar yaşama döndürme makinası) hazırlamaya başladı. Tüm ekip, oğlumu yaşama döndürmeye çalışırken, bir hemşire beni bekleme odasında sakinleştirmeye çalışıyordu.

Ekipten biri, "Hadi bebeğim. Geri dön." diyordu. Bir diğeri ise, "Hiçbir belirti yok" diye korkuyla bağırıyordu.

Olanlara bir türlü inanamıyordum. Oğlumu kaybetmekten korkuyordum. Yanında olmak, elini tutmak, yanağından öpmek ve ona iyileşeceğini söylemek istiyordum. O kadar korkmuştum ki, kendimi kontrol edemez bir durumdaydım.

Acil yardım ekibi geldiğinde, Jordan hâlâ nefes alamıyordu. Hemen çalışmaya başladılar.

Ekipten bir görevli az sonra bana, "Onu makinaya bağladık" dedi ve beni ambulansa götürdü. "Oğlunuz şu anda kendi kendine nefes alamıyor, bu nedenle makinaya bağlanması gerekti."

Kocam geldiğinde ben hastanenin bekleme salonundaydım. Yere çöktü ve bana sarılıp, hıçkırmaya başladı. Onu daha önce hiç ağlarken görmemiştim. Biraz sonra odaya bir hemşire girdi ve rahip çağırmak isteyip istemediğimizi sordu. "Hayır!" diye haykırdı kocam, "Oğlum yaşayacak!"

Bir saat sonra Jordan'ı görmemize izin verdiler. Minik bebeğim her yanına takılmış sayısız tüple ve hâlâ titrerken o kadar zavallı ve küçük görünüyordu ki. Yaşama döndürüldükten hemen sonra nöbet yine başlamıştı.

Acil Bakım Ünitesindeki doktorun canının çok sıkkın olduğu halinden belliydi. "Size söyleyebileceğim tek şey, Jordan'ın çok hasta olduğu. Ona en yüksek dozda fenobarbital verdik, ama nöbet hâlâ devam ediyor."

Bir saat daha geçti. Jordan bir çocuk hastanesine sevkedildi. Hâlâ makinaya bağlıydı, ama nöbeti sonunda atlatmıştı.

Beyninden alınan görüntülerde anormal hiçbir bulgu yoktu. Jordan'ın geçirdiği bu çok şiddetli nöbetin nedeni ve beyninde herhangi bir hasar kalıp kalmadığı hakkında henüz bir açıklama yapamıyorlardı.

Yoğun bakım ünitesinde kocamla birlikte Jordan'ın yanında kalmamıza izin verdiler. Jordan'ın elini tuttum, yanağından öptüm ve ona her şeyin düzeleceğini fısıldadım. O gece geç vakitlerde rahip de geldi ve ailece hep birlikte bekleme odasında dua ettik. O sırada Jordan yardımıyla nefes aldığı tüpü bir öksürükte attı ve ilk kez olmak üzere kendi kendine nefes almayı başardı.

Ertesi sabah Jordan gözlerini açtığında, ne tür bir beklenti içinde olmamız gerektiğini bilmiyorduk. Beyninin hasar görmüş olması bir olasılıktı, ama olsun, biz her şeyle başaçıkabilirdik. Dayanamayacağımız tek şey, onu yitirmekti.

Hâlâ ilacın etkisinde olan Jordan gözlerini kırpıştırdı. Bizi tanıyorsa her şey yolunda demekti, biliyordum. Yavaş yavaş önce babasına, sonra da bana baktı. Elini uzattı ve "Anne, baba" dedi. O anda kendimi daha fazla tutamadım ve ağlamaya başladım.

Jordan gözyaşlarımı görünce, "Anne, iyi misin?" dedi.

Onun kaygılanması beni çok üzdü. Minik oğlum 24 saat süren bir yaşam savaşı vermişti ve şimdi annesi için kaygılanıyordu.

"Evet, sevgili oğlum," dedim yanağını okşayarak, "Çok iyiyim."

O günden bu yana tam altı ay geçti ve Jordan tamamen iyileşti. Artık geceleri onun odasında uyumuyorum ve her hareketini kontrol etmekten vazgeçtim. O nöbetin nedenini bir türlü öğrenemedik. Bir viral enfeksiyon olabilirmiş nedeni ya da vücut ısısındaki ani bir değişiklik. Nedeni bilinmediği için, Jordan'ın iki yıl süreyle nöbete karşı ilaç kullanması gerekecek.

Dün gece Jordan'ın ablaları ve babasıyla arka bahçede futbol oynamasını seyrettim ve onu neredeyse kaybetmek üzere olduğumuz geldi aklıma. Top, benim onları izlediğim tarafa geldi ve topun ardından da Jordan. Topu verirken, Jordan gözlerimdeki yaşları farketti. Minicik elini dizime koydu ve "Anne, iyi misin?" diye sordu.

"Evet, sevgili oğlum" dedim gülümseyerek, "Çok iyiyim." ve onu kucakladım.

Christine Perez

Dağlar

And dağlarında birbirleriyle savaşan iki kabile varmış. Bu kabilelerden biri dağların eteğindeki ovalarda, diğeri ise, yüksek yaylalarda yaşarmış. Günün birinde dağda yaşayanlar, ovada yaşayanların topraklarına saldırmışlar ve köylerini yağmalamışlar. Yağmaladıkları arasında ailelerden birinin bir bebeği de varmış ve bebeği alıp dağlara kaçmışlar.

Ovada yaşayanlar dağlara nasıl tırmanılacağını, dağdakilerin kullandıkları patikaları bilmedikleri için, onların peşinden gidememişler.

Ama, yine de en iyi savaşçılarından oluşan bir grubu, bebeği bulup geri getirmek üzere dağlara göndermişler.

Bu adamlar, dağa tırmanmak için tek tek her yöntemi, her patikayı denemişler. Fakat, günler süren çabalarına karşın, sadece birkaç yüz metre tırmanabilmişler dağa.

Ovada yaşayanlar umutsuzluk ve çaresizlik içinde, bebeği bulamayacaklarına karar vermişler ve dönüş hazırlıklarına başlamışlar.

Tam dönmeye hazırlanırlarken, bebeğin annesinin kendilerine yaklaşmakta olduğunu görmüşler ve kendilerinin güçlükle ulaştıkları noktaya annenin rahatlıkla ulaştığını anlamışlar.

Sonra da sırtına bağlı bebeğini farketmişler. Ama, "Böyle bir şey nasıl olur?" diye düşünmüşler.

Adamlardan biri anneyi selâmlamış ve "Biz bu dağa tırmanamadık. Köyün en güçlü en savaşçı erkeklerinin başaramadığı bir şeyi sen nasıl başardın?" diye sormuş.

Kadın omuzlarını silkmiş ve "Sizin bebeğiniz değildi de ondan" demiş.

Jim Stoval
Bits & Pieces

Dünyadaki Tüm Kalpler

Güneşli bir yaz günü trenimiz Hindistan'ın Nagpur şehrine yaklaşıyordu. Bu Şükran Gününde yanımda eşim ve evlât edindiğimiz iki Hintli çocuk oturuyordu. Ailemizin tamamlanabilmesi için Hintli kızımızı almaya Nagpur'a gidiyorduk şimdi. Yabancıların Hintli çocukları evlat edinme süreci çok uzun sürdüğünden, ne yazık ki kızımızı hemen Amerika Birleşik Devletleri'ne götüremeyecektik. Ama hiç değilse, onu birkaç saatliğine ziyaret etme olanağımız vardı.

Bundan üç yıl önce Maryland'deki evimizden Hindistan'a gelmiş ve oğullarımı evlâtlık olarak aldığım yetimhanenin yakınlarındaki Haydarabad şehrinde ikinci bir ev almıştım. Şimdi yine Haydarabad'da kalıyorduk ve eşim kısa bir ziyaret için Maryland'den yanımıza gelmişti. Çalıştığı işyeri de bizim minik kızımızı evlâtlık alma düşüncemizi destekliyordu çünkü. Benim orada ne kadar kalacağım, evlât edinme işlerinin ne kadar süreceğine bağlıydı, işlemler çok yavaş ilerliyordu ve bu konuda yapabileceğimiz hiçbir şey yoktu. Fakat, hiç değilse bu sıcak yaz gününde birkaç saatliğine bile olsa, tam bir aile olacaktık.

Öğle yemeğinden kısa bir süre sonra, bir bisikletin çektiği çek çek arabası bizi aşırı derecede kalabalık yetimhaneye götürdü. Orada bizi, her birinin ailemizin bireyi olmak için can attığı belli olan yüzlerce umutlu göz karşıladı. Görüntü içler acısıydı. Fakat her şeye karşın, görevlilerin çocuklar için ellerinden geleni yapmaya çalıştıkları belliydi.

Uzunca bir süre huzursuz bir şekilde bekledikten sonra, yanımıza ufak tefek, çok tatlı bir kız geldi. Bir yıldır dua ettiğim çocuğu hemen tanıdım. Ghita, kızımız! Birbirimize sarıldık, öpüştük ve aramızda ömür boyu sürecek bir bağ oluştu.

Ghita hiç İngilizce bilmiyordu, ama önemi yoktu. O bizim kızımızdı ve sonunda ailemiz tamamlanmıştı. Birlikte dondurma yedik, içlerinde resimler olan kitaplara baktık ve sonra da gözyaşları içinde ayrıldık. Bir ay sonra sonsuza değin birlikte olacağımızı bilerek.

Eşim Amerika'ya işinin başına döndü. Bense, oğullarımla birlikte Nagpur yetimhanesinden yaklaşık 300 mil ötedeki Haydarabad şehrindeki evimize döndüm. Orada Ghita'nın belgelerinin tamamlanmasını bekleyecektik. Geceleri yatağımda sessizce uzanıyor ve onu kucağıma alıp, her türlü kötülükten koruduğumu düşlüyordum. O kadar narindi ki.

Sonunda kızımın velâyetini almak üzere hemen Nagpur'a gitmem haberi geldi. Zaman yitirmemek ve oğullarımı gece yalnız bırakmamak için, uçakla gitmeye karar verdim. Fakat, olanlar oldu ve Müslümanlar Ayodhya'daki Hindu tapınağını bombaladılar. Haydarabad, Ayodhya'dan millerce uzakta olmasına karşın, büyük bir Müslüman kentiydi. Bu nedenle, terörizm korkusuyla bütün uçaklar iptal edildi ve şehirde sıkıyönetim ilan edildi.

Nagpur'a trenle gitmeye karar verdim ve oğullarımı arkadaşlarıma bırakmak için her türlü hazırlığı yaptım. Fakat, kendisi de Müslüman olan şoförümüz, beni uyardı. "Madam, buraya canlı dönemezsiniz!" Yalnız başına seyahat eden Amerikalı bir kadının hedef olabileceğini açıkladı. Yakın Hindu arkadaşlarım da benzer öğütlerde bulunup, bu işten vazgeçmemi söylediler.

Bunun üzerine, Nagpur'a kendi arabamızla gitmeye karar verdim. Kendi kendimi de, şoförüm Müslüman ve ona güvenmem gerekir diye ikna ettim. Sıkıyönetim sırasında yiyecek birşeyler bulmamızda da bize yardımcı olmuştu ve çocuklarla benim güvenliğimi sağlamıştı. Ama beni vazgeçirmeye çalışan yine o oldu. "Madam" dedi, "Arabadaki tek erkek ben olacağım. Koskoca bir çete saldırırsa tek başıma ne yapabilirim ki? Beni dinleyin, gitmeyin!" Diğer iki çocuğuma karşı sorumluluklarımı da unutmamam gerekiyordu ve böylece beklemekten başka hiçbir çarem kalmadığını kabul ettim.

Günler haftaları, haftalar ayları izledi. Bense, her gün yetimhanedeki kızım için dua ettim. Acaba ne düşünüyordu? Neden onu almaya gitmediğimi biliyor muydu? Oğullarım çok üzgündü, onları rahatlatmam giderek güçleşiyordu. Birilerinin yardımına gereksinim duyuyordum, ama eşim ve yakın arkadaşlarım 10.000 mil ötedeydi. Karşılaştığım güçlüklerin derecesi arttıkça, bu güçlüklerle tek başıma ve kendi gücümle savaşmam gerektiğini anladım. Sakin ol. Normal davranmaya çalış. Tanrım, lütfen her şeyin üstesinden gelecek gücü ver bana.

Sonunda, Hindularla Müslümanlar arasındaki anlaşmazlık çözüldü, sıkıyönetim kaldırıldı ve kentte yaşam normale döndü. Mart ayı gelmiş ve Ghita'yı birlikte gördüğümüz o güneşli Şükran Gününden bu yana tam dört ay geçmişti. Eşim tekrar ziyaretimize geldi ve çok zorlu bir sınav verdiğimizi anladım. Artık rahat bir nefes almıştım ve sanki yüreğim hafiflemişti. Ghita da yüreğimden hiç çıkmamıştı zaten.

Sonra da beklenen mucize gerçekleşti ve Nagpur'a uçakların kalkmasına izin verildi. Fırtına gibiydik, ertesi günkü ilk uçakta yerimizi ayırttık ve hazırlıklara başladık.

Yetimhaneye bisikletli çek çekle gidişimiz sanki ağır çekim gibiydi. Yerimde duramıyordum. Sonra, uzun zamandır beklediğimiz an geldi. Yüzlerce umutlu bakışın arasından pırıl pırıl bir yüz ileriye doğru ilerledi ve bana, "Anne!" dedi. Ağzından çıkan bu söz öğrendiği ilk İngilizce sözcüktü. Bana "Anne" derken gözleri bana evrendeki en güzel ve iri göz gibi geldi ve sesindeki sevgi tonu bir yaşam boyu sürecek kadar tatlıydı.

Amsheva Miller

Doğan Her Yeni Gün Bir Armağandır

O geceye ait görüntüleri bir türlü aklımdan silip atamıyorum. Yemek masasındayım, kadehimi kızıma ve nişanlısına kaldırıyorum.

Bütün ailem ve yakın arkadaşlarım yanımda, bütün yüzler mum ışığında bana gülümsüyor. Eşim Steve uzanıp beni öpüyor.

O keyifli saatler, o büyük korkudan önceki son güzel anlardı. O gece yatağıma uzandıktan sonra, her şey değişti.

Haftalardır ne olduğunu anlayamadığım bir rahatsızlığım vardı, ama sadece sırt ağrısı sanmıştım. Geceyarısı uyandığımda, göğsümün üzerinde sanki birisi oturuyordu. Kalbimdi. Steve'e zorlukla, "Beni hemen hastaneye götür" diyebildim.

Tekrar, tekrar bana, "İyileşeceksin" dedi. Korkuyor dedim kendi kendime, gözyaşları içinde. Aman Tanrım, ben de korkuyorum, hem de çok korkuyorum.

Hastaneye gittiğimizde, uzun yıllar önce yine hastaneye gittiğimiz o günü ve kalp krizi geçirdikten sonra -ben 10 yaşımdaydım o zaman- babamın yatağının yanında durduğumu anımsadım.

Annem, yıllar önce, kızkardeşimi dünyaya getirirken ölmüştü ve babam benim tüm dünyam olmuştu. Sonra, ben 12 yaşıma geldiğimde, babam işyerinde ikinci bir kalp krizi geçirdi.

Ona hoşçakal diyemedim ve duyduğum acı hiçbir zaman hafiflemedi. Şimdiyse ben hastanedeydim. Lütfen Tanrım, çocuklarıma veda etmeden ölmeyeyim. Jeffrey sadece 13 yaşında... Jason ise 15. O genç bir erkek olma yolunda ve Tricia ise evlenmeye hazırlanıyor! Onun en çok şimdi bana gereksinimi var.

Tıkanmanın nerede olduğunu anlamak için bana anjiyogram yapılırken Steve eve çocukları almaya gitti. "Dört ana arterin üçü tıkalı" dedi doktor.

"Ama ben sadece 39 yaşımdayım!" diye gözyaşı döküyordum.

Doktorum bu hastalığın bana babamdan miras kaldığını söyledi. "*Bypass* ameliyatı yapmamız gerekiyor" dedi. "Ama kalbin o kadar çok hasar görmüş ki, belki de..."

Ölebilirdim. Korkuyla ürperdim. Ama bu ölüm korkusu değildi. Çocukken benim yaşadığım acıyı sevdiklerimin yaşamasından korkuyordum.

Çocuklarıma durumu anlatırken, hem onlar ağlıyorlardı, hem de ben. "Belki yaşamam olanaksız olabilir ..."

Ameliyattan önceki günlerde, Steve beni mümkün olduğunca sık ziyaret etmeye çalıştı, her seferinde gülümsemeye çalışarak. Ama gözlerindeki korkuyu görebiliyordum.

Steve ile sadece bir yıldır evliydik. "Birbirimizi çok uzun zaman bekledik. Birlikte yapacağımız daha çok şey var." diye fısıldıyordu. Ona umutla başımı salladım.

Tricia düğünü için tasarladığı çiçeklerden söz etti. Gülümsedim. Jeffrey ve Jason okullarından söz ettiler.

"Eve döndüğünde..." diyorlardı. Hepsi de çok cesur davranmaya çalışıyorlardı. Ama hepimiz de çok korkuyorduk.

Ameliyat sabahı, gölün üzerinden güneşin doğuşunu seyrettim. Bir yelkenli tam güneşin önünden geçiyordu. O yelkenlinin içinde olduğumu düşledim. Fakat, ameliyat saati yaklaştıkça, o duygunun yerini korku aldı. Steve'i ve çocukları öptükten ve gözyaşlarının ıslattığı yanaklarının temasını hissettikten sonra, yaşamak istedim, hem de deli gibi.

Anestezi verilmeden önce, Tanrım dedim, çocuklarımı büyütmeme izin ver, daha fazla yaşamak istemiyorum...

Anımsadığım bir sonraki şey, ameliyatın bittiği ve Steve'in elini tutup, çocuklarıma bakmam. Ne güzel elinin teması, ne kadar güzel gülümsüyorlar. Onlarla birlikte dünyanın tadını çıkaracak vaktim varmış demek ki diye düşündüm.

Fakat iki gün sonra doktorum arterlerin tekrar tıkanabileceğini söyledi. Ve kalbim ikinci bir ameliyatı kaldıramazdı.

"Bu ameliyat en az altı yıl daha yaşatır sizi" dedi, "üzgünüm." Altı yıl mı? Göz açıp kapayıncaya kadar geçer altı yıl! Boğazımda sanki birşeyler düğümlendi ve soluksuz kaldım.

Sonrasını çok iyi anımsıyorum. Hep altı yıl için dua ettim. O zaman en küçük çocuğum 18 yaşında olacaktı. Steve ile daha çok birlikte olabilecektim. Evet, Tanrı sözünü tutmuştu. Şimdi, dedim, ben de verdiğim sözü tutacağım ve bu zamanı en iyi şekilde geçireceğim.

Böylelikle yaşamın tadını çıkarttım. Kızımın nikâh törenini izledim, oğullarımın kızlarla ilgili sorunlarını dinledim, hafta sonlarını Steve'in kollarında geçirdim ve doğumgünü pastaları yaptım.

Postacıyı selâmlamaktan, torunlarımın beşiğini sallamaya kadar her anı sihirli bir şekilde yaşadım.

Altıncı yıl yaklaşırken ilk işaret olan ağrılar başladı. Doktorlar, "yapabileceğimiz bir şey yok" dediler. O çok iyi tanıdığım korku yine yüreğimi sardı. Bir gün Jeffrey başını göğsüme yasladı ve hıçkıra hıçkıra ağladı. Bir başka gün Tricia, "Anne, sana ihtiyacım var. Çocuklarımın anneannelerine ihtiyaçları var!" diye ağladı.

Her birini sakinleştirip, "Elimden geldiğince uzun zaman yanınızda olacağım" dedim. Neden sanki ailem için altı yılın yeterli olacağını düşünmüştüm? Altı yıl, 10 ... 20! Yeterli diyebileceğimiz bir zaman var mıdır ki?

İçimden bir ses haykırdı, "Yaşamak için savaş ver! Hadi!" Bunun üzerine beslenme ve olumlu düşünme üzerine kitaplar okumaya başladım. Kendi kendime söz verdim. Yaşayacağım!

Belki bu Tanrı'nın bana armağanıydı. Belki de güçlü olmam. Ama iki yıl geçti ve umduğumdan çok iyiyim.

Her sabah çok mutlu uyanıyorum. Geceleri Steve'e sarılıyorum. O gün olan her şey için, en basit şeyler için bile Tanrı'ya şükrediyorum.

Güneşin bensiz doğacağı günün gelebileceğini biliyorum ve torunlarımın okula ilk başladıkları günü kaçıracağım için usul usul gözyaşı döküyorum. Ama Tanrı'nın bana istediğimden daha çok şey verdiğini ve yaşadığım her anın ne kadar değerli olduğunu biliyorum.

Bev Shortt'un ağzından Deborah Bebb

Çok Özel Bir Çocuk İçin Bir Annenin Verdiği Savaş

Anne sevgisinin gücünü, güzelliğini ve kahramanlığını dile getirebilecek bir lisan yoktur.

Edwin H. Chapin

Frank ve Lee bir Katolik kilisesindeki törenle 1948 yılında evlendiler. Frank İlâhiyat Fakültesinde öğrenci, Lee ise, rahibeydi. Lee altı çocuk istiyordu. İlki 1951 yılında dünyaya geldi, diğer beşi ise sonraki on bir yıl içinde doğdu. Fakat beşinci çocukları dünyaya geldiğinde, Lee bir çocuk daha isteyip istemediğinden emin değildi artık.

Tom altı aylık olduğu zaman kaşıkla beslenemiyor ve başını dik tutamıyordu. Lee, Tom'un genel gelişiminin biraz yavaş olduğunun farkındaydı. Bunun üzerine Tom'u doktora götürdü, ama doktor Lee'nin bu işi fazla büyüttüğünü söyledi.

"Pek çok bebek kaşıkla beslenmeye kolay kolay alışamaz" dedi." Normal bir durum bu."

Lee doktora, "Sanırım neyin normal, neyin anormal olduğunu biliyorum" dedi. "Dört çocuğum daha var. Bu çocuğun bir sorunu var."

Bunun üzerine çocuğu bir başka doktora götürdü. O doktor da bir süre beklemesini ve çocuğa biraz zaman vermesini söyledi. Lee de bekledi ve sürekli çocuğunu izledi.

Ertesi yıl Tom artık başını dik tutabiliyordu, ama diğer açılardan durumu daha da kötüye gidiyordu. Yemek yemeyi reddediyordu. Sadece balkabağı yiyordu, teninin rengi turuncu olana kadar. Fakat en üzücü durum, ani patlamalarıydı. Kardeşleri televizyon izlerken onlara saldırıyor ya da Lee araba kullanırken arkadan sırtına vuruyordu durup dururken. Lee çocukların bu ani öfke krizlerinin normal olduğunu biliyordu, ama Tom'un bu krizlerinin sıklığı kaygı vericiydi.

Tom bir buçuk yaşına geldiğinde, Lee tekrar doktor ziyaretlerine başladı. Bu kez doktorların hiçbiri Tom'un normal olduğunu söylemedi. Bir doktor Tom'a PKU tanısı koydu. Bu hastalık metabolik bir hastalıktı ve zekâ geriliğine yol açıyordu. Bir diğeri hastalığının PKU olmadığını iddia etti. Fakat beyni doğum sırasında oksijensiz kaldığı için hasar görmüştü. Bir yıl sonra doktor doktor gezen Lee, Tom'un hiçbir zaman normal bir yaşam süremeyeceğini ve bir kurumda bakılması gerektiğini anlamıştı.

Lee çok korkuyordu. Çocuğunu, sadece üç yaşındaki oğlunu bir kuruma nasıl gönderirdi? Öyle bir yerde çocuğunun normal bir ortamda büyüme şansı olmayacaktı. Lee ve Frank doktorların önerdikleri kurumu birlikte ziyaret ettiler. Oradaki çocukların hepsi de zekâ özürlüydü ve pek çoğu normal bir biçimde iletişim kuramıyordu. Lee, Tom'un sorunları olduğuna, ama orasının Tom'u göndermeleri gereken yer olmadığına karar verdi.

O sıralarda, evlerine gelen bir hemşire, Ann Arbor'daki bir hastaneden söz etti. Belki orasının Tom'a bir yararı olurdu. Oradaki doktorlar ve psikiyatristler Tom'un zekâ özürlü olduğuna ve liseyi bitirmesinin olanaksız olduğuna karar verdiler. Oradaki bir sosyal hizmet uzmanı Frank ve Lee'nin yetenekleri bu denli kısıtlı bir çocuk büyütmelerinin zor olacağını, çünkü her ikisinin de üniversite eğitimi almış olduklarını söyledi.

"Ameleden başka bir şey olamaz" dedi.

"Size bir şey söyleyeyim mi?" dedi Lee. "Onun kendisine ne meslek seçeceği benim umurumda bile değil. Ben çocuklarımın hepsini hiç koşulsuz çok seviyorum. Zekâlarına göre değil. Tom bir dahi olmasa da onu seviyorum."

Fakat Tom doktorları şaşırttı. Sonunda doktorlar onun normal bir okula gidebileceğini kabul ettiler. Zor günleri olduysa da, hem liseyi bitirdi, hem de bir üniversitenin iki buçuk yıllık bir bölümünü tamamladı. Zekâsındaki özrün duygusal birşeylerden kaynaklandığı anlaşıldı ve gerektiği gibi tedavi gördü.

Lee'nin çocuğunun peşini bırakmaması beni çok mutlu etti. Çünkü hayata bu zor koşullar altında başlayan çocuk benim. Hâlâ ruhsal durumumdaki iniş çıkışlar doktor kontrolünde. Geriye dönüp baktığımda, doktorların kötü tahminlerine inanmayıp, inatla benim için çaba gösteren bir anneye sahip olduğum için Tanrı'ya şükrediyorum. Annem yüreğinin sesine kulak verecek kadar seviyordu beni. Anne yüreği, bir çocuğu koruyacak en etkili silâhtır.

Tom Mulligan

Hollanda'ya Hoşgeldiniz

Bana genellikle özürlü bir çocuk büyütmenin nasıl bir şey olduğunu sorarlar. İşte anlatıyorum...

Bir bebek sahibi olacağınızı anladığınızda yaşadığınız duygu, İtalya'ya güzel bir seyahat plânı yapmaya benzer. İtalya hakkında bir sürü kitap ve broşür alırsınız ve harika plânlar yapmaya başlarsınız. Coliseum. Mikelanjelo'nun Davut'u. Venedik'teki gondollar. İtalyanca birkaç sözcük bile öğrenirsiniz. Her şey çok heyecan vericidir.

Aylar süren beklemeden sonra, o gün gelir çatar. Bavullarınızı toplar, yola çıkarsınız. Birkaç saat süren yolculuktan sonra, uçağınız havaalanına iner. Hostes mikrofonu eline alır ve "Hollanda'ya hoşgeldiniz" der.

"Hollanda mı?" dersiniz. "Ne demek istiyorsunuz? Ne Hollandası?" Ben İtalya'ya bilet almıştım! Benim İtalya'ya gitmem gerek. Tüm yaşamım boyunca İtalya'ya gitmenin düşünü kurdum ben."

Fakat uçuş rotasında bir değişiklik yapmışlardır. Hollanda'ya inmişsinizdir ve orada kalmanız gerekir.

Önemli olan, sizi korkunç, iğrenç ve pis bir yere, açlığın ve hastalıkların ortasına bırakmamışlardır. Sadece farklı bir yerdesinizdir.

Bu yüzden çıkıp, yeni broşürler ve kitaplar almanız ve yepyeni bir dil öğrenmeniz gerekmektedir. Ve daha önce haklarında hiçbir şey bilmediğiniz yeni insanlar tanımak zorundasınızdır.

Gittiğiniz yer, sadece farklı bir yerdir. Oradaki yaşam, İtalya'dakinden daha yavaştır, İtalya kadar etkileyici değildir. Fakat, bir süre orada kaldıktan sonra, nefesinizi tutar ve çevrenize bir bakarsınız ... ve Hollanda'nın yeldeğirmenlerini farkedersiniz ... ve lâlelerini. Hollanda'nın Rembrandtları bile vardır.

Fakat tanıdığınız herkes İtalya'ya gelip, gitmektedir... sürekli orada geçirdikleri güzel günleri anlatmaktadır. Ve yaşamınız boyunca, "Evet, benim gitmem gereken yer de orasıydı. Ben de aynı plânı yapmıştım" dersiniz.

Bu nedenle duyduğunuz acı asla, asla dinmez... çünkü yitirdiğiniz düş çok önemli bir düştür.

Ancak ... tüm yaşamınızı İtalya'ya gidemediğiniz için üzülerek geçirirseniz, Hollanda'nın güzelliklerinin hiçbirinin tadını çıkartamazsınız.

Emily Perl Kingsley

4

ANNELİK ÜZERİNE

Annenin sevgisi bir daireye benzer, başı da yoktur, sonu da. Sürekli büyüyerek döner, döner, yoluna her çıkana dokunarak. Hepsini sabah havası gibi içine çekerek, öğle güneşi gibi ısıtarak ve gece gökyüzündeki yıldızlar gibi örterek. Annenin sevgisi bir daireye benzer, başı da yoktur, sonu da.

Art Urban

Annelik - Bir Tür Oyun mu?

Anneliğin bir tür oyuna benzediğini düşünmüşümdür hep. Günlük yaşamın akışına öyle bir kaptırırız ki kendimizi, oyunun bir parçası olduğumuzu unuturuz her zaman.

Şimdi sizlere kendi oyunumdan biraz söz edeyim. Bu oyunun kuralları çok basit - on taşla başlayacaksınız ve oyunu oynarken taşlarınızın sayısı kimi zaman çoğalacak, kimi zaman azalacak.

Hazırsanız, haydi başlayalım...

Kare 1. İlk çocuğunuzun doğumunu bekliyorsunuz. Giderek kalınlaşan belinize bakıp da, "Bebeğim dünyaya gelir gelmez, yine 36 bedene düşeceğim" dediyseniz, bu hüsnükuruntunuz için 2 taş kaybettiniz.

Kare 2. Aradan iki yıl geçmiştir ve ikinci çocuğunuz yoldadır. Çocuklarınızın birbirlerini kıskanmalarını önlemek için, ilk çocuğunuzu bu büyük olaya özenle hazırlamışsınızdır ve onunla "nitelikli" ve hoş vakit geçirmekte, onun kendi oyuncak bebeğini beslemesine, yıkamasına ve kucağına almasına özen göstermektesinizdir. Bebek dünyaya geldikten sonra, ağabeyin keyfi yerindedir. Fakat yine bir taş kaybettiniz, çünkü köpeğinizin bebeğinizi kıskanacağını unutmuşsunuzdur.

Kare 3. Birinci oğlunuz ertesi gün okulda meşe ağacı olacağını ve yarına kadar bir meşe ağacı kostümü gerektiğini söyler. Eğer sabahın 3:00'üne kadar oturur ve onun için güzel bir meşe ağacı kostümü hazırlarsanız, tüm anneler için böylesi bir örnek oluşturduğunuz için yine 3 taş kaybettiniz. Diğer yandan, oğlunuzu kahverengi krepon kağıdına sarıp, başına ve kollarına yeşil krepon kâğıdından yapraklar yapıştırdıysanız, beş taş kazandınız. Çünkü böylelikle tüm annelere benzediniz.

Kare 4. Çocuklarınızın sayısı üç olmuştur ve hepsi okula başlamıştır. "Anne" kavramının "servis şoförü" ile eşanlamlı olduğunu anlamışsınızdır. Tipik bir günün anlamı sizin için, en küçüğü müzik kursuna bıraktıktan sonra, iki ağabeyi futbol antrenmanına götürmektir. Daha sonra kızınızı müzik kursundan alır, oğlanları antrenmandan toplar ve eve dönersiniz. Akşam yemeğinin alelacele yenmesi gerekir, çünkü birinin saat 7:00'de koroya yetişmesi gerekmektedir. Artık yatma vakti gelmiştir ve o anda evinizde fazladan bir çocuk olduğunu farkedersiniz. Ama sakın paniğe kapılmayın ... bu daha önce de başınıza gelmiştir ve çok geçmeden telefon çalar ve bir anne çocuğunun evde olmadığını söyler. Sabrınız için 5 taş kazandınız.

Kare 5. Her gün öpe koklaya tek tek yataklarına yatırdığınız minik sevgilileriniz birdenbire size deliymişsiniz gibi davranmaya başlarlar. Artık sizinle birlikte görünmekten utanmaktadırlar. Tahmin ediyorsunuz değil mi? Artık çocuklarınız ergenlik dönemine girmişlerdir. Bu garip yaratıklar artık kendilerini iki metrelik, kurşun işlemez yaratıklar gibi görmektedirler. Eğer siz kendinizi kaybetmeden onlar bu dönemlerini aşarlarsa, yaptığınız bu kahramanlık için 8 taş kazandınız. Ancak unutmayın, en büyük silah sizin elinizde, arabanın anahtarları!

Kare 6. Üniversitede okuyan en büyük çocuğunuzun kirli çamaşırlarının kapının önünde yığıldığını gördüğünüzde, sizi ziyarete geldiğini anlarsınız. Eğer kirli çamaşırlarını alır, yıkamaya başlarsanız, hemen 3 taş kaybettiniz demektir, yazıklar olsun size! Fakat eğer elinden tutup, çamaşır makinasının nasıl çalıştığını gösterirseniz o anda 5 taş kazandınız demektir. Biliyorsunuz ki, yaşamdaki en önemli şeylerden bazıları üniversitede öğrenilmez.

Kare 7. Bir mucize gerçekleşir ve çocuklarınız birer yetişkin olur. Bir gün tesadüfen oğlunuzun bebeğine, sizin ona çocukken anlattığınız masalları anlattığını işitirsiniz ve yanaklarınızdan yaşlar süzülmeye başlar. Sakın umutsuzluğa kapılmayın - bu yaşlar annenin gözlerinden dökülen incilerdir.

* * * * *

Tebrikler. Oyunu bitirdiniz, şimdi de puanlarınızı toplayalım. Oynadığınız oyunun adı "Annelik Oyunu" idi. Eğer taşlarınızın hepsini kaybetmediyseniz, kazandınız demektir!

Jacklyn Lee Limdstorm

"ELBETTE ideal anne yarışmasına katılmak isterim, ama çocuklar o kadar çok zamanımı alıyor ki."

Okula Başlayan Çocuğa Annesinden Mektup

Sevgili George,

Bugün seni ağabeyin ve köpeğimizle okula götürürken, duygularımdan habersizdin.

O kadar heyecanlıydın ki, tam on kez boyalarını ve makasını sırt çantana yerleştirdin, boşalttın.

Ağabeyini ve ablanı sabahları okula gönderip, seninle arkalarından tembel tembel el salladığımız günleri çok özleyeceğim. Ben oturup, gazetemi okur, sen de Susam Sokağı'nı izlerken bir yandan da, dergilerindeki resimlere bakardın.

En küçüğüm olduğun için, sen dünyaya gelene kadar pek çok şey öğrenmiştim. Sizler bebekken hiç geçmeyecekmiş gibi gelen günler, göz açıp kapayıncaya kadar geçiyor ve bir de bakıyordum ki, bu sabah aynı senin gibi, onlar da aynı duygular içinde okula başlamışlar.

Ben şanslı annelerden biriydim; maddi durumumuz çalışıp çalışmama kararını verebilmemi olanaklı kıldı. Sen dünyaya gelinceye kadar kariyerimde yol alma ve gelirimizi iki katına çıkarma gibi bir kaygım olmadı. Seninle elele, ayağında kırmızı çizmelerinle su birikintilerine basmak ya da en sevdiğin masal kitabı Kurbağa Kardeş'i bir daha, bir daha okumak, benim için çok daha önemliydi.

Anaokuluna gitmedin ve ben de bir Maria Montessori olmadım. Umarım bunlar senin için bir şanssızlık değildir. Sayı saymayı benimle birlikte soda şişelerini (bakkala götürdüğümüz boş soda şişeleri) sayarak öğrendin. (Genellikle beni kandırır ve şişelerden aldığımız parayla kendine bir çiklet ya da çikolata aldırırdın.)

Ben Palmer yönteminden yana değilim, ama adını evimizin önündeki kaldırıma büyük harflerle yazarak iyi iş becerirdin. Ve nasıl oldu bilmiyorum, dilimizin ayrıntılarını çok çabuk farkettin. Daha geçen gün bana, öykü okurken neden sana "Balım", işlerimde bana yardım ederken "Dostum" dediğimi sordun. Sana sevgi dolu bir ifadeyle, arkadaşça bir ifade arasındaki farkı açıklarken sanırım tatmin oldun.

Sen okuldayken kendi gözümdeki imgem de oldukça gelişti. Şimdi uzun zamandır yapmayı plânladığım işleri yapıyorum, fotoğraf albümlerimizi düzenliyorum ve hep yazmayı istediğim romanıma başladım. Yaz bitip de kardeşlerinle aranızdaki kavgalar arttıkça, bugünün gelmesini umutla beklediğimi anlamıştım.

Sonra bu sabah, seni sınıfına götürdüm, bir duvarda Başkan'ın, diğer duvarda ise, Bambi'nin resimleri vardı. Üzerinde adının yazılı olduğu palto askısını hemen buldun ve senin en büyük özelliğin olduğu üzere, bana sıkı sıkıya sarıldın. Ben eve dönmeden önce, sen sırana oturmaya hazırdın bile.

Kimbilir bir gün belki sen de çocuğunu okula başladığı ilk gün okuluna götürürsün. Kapıdan çıkmadan dönüp ona el sallamak istediğinde, o da yeni arkadaşıyla koyu bir sohbete dalmış olur ve senin gittiğini farketmez bile. Ona gülümserken, yanağındaki o sıcaklığı hissedersin ...

Ve o zaman beni anlarsın.

Sevgiler,
Annen
Rebecca Christian

"Neyse ki ağlamalar, annelerin eteğine yapışmalar bitti. Annelerin hiç ayrılmayacağını düşündüm bir an!"

Sporcu Annenin Öyküsü

Aylardan Mayıs. Soğuk bir Cumartesi günü. Oturma odasında örümcek tutmuş olan köşeleri süpürmem ya da kanepeye kıvrılmış olmam gerekirken, Washington, Kirkland'deki beyzbol parkının soğuk metal sıralarında oturuyorum. Kalın paltomun içine bile işliyor buz gibi esen rüzgar. Ellerimi ovalıyorum soğuktan, yün eldivenlerimi unuttuğum için kendime kızıyorum.

"Bayan Bodmer?" Oğlumun antrenörü. Oğlum Matthew ona o kadar hayran ki, onu etkileyebilmek ve ona ne kadar formda olduğunu kanıtlamak için, kola içmeyi bile bıraktı. "Bugün oğlunuz sağ sahada oynamaya başlıyor. Bu yıl o kadar çalıştı ki, bunu haketti."

"Teşekkürler" dedim, bu adam ve takımı için elinden gelen her şeyi yapan oğlumla gururlanarak. Onun bunu ne kadar çok istediğini biliyordum. Çalışmasının karşılığını almasından mutlu oluyorum.

Beyaz çizgili formalarıyla takım sahaya çıktığında heyecanlanıyorum. Oğlumun numarasını arıyorum. Sahada yok. Oğlumun yerine takımın en deneyimsiz oyuncusu Eddie sağ alanda. Tekrar oğlumu arıyorum, gözlerime inanamıyorum. Bu nasıl olur?

Koşup, antrenöre neler olup bittiğini sormak istiyorum, ama Matthew'un bundan hoşlanmayacağı geliyor aklıma. Annelerinin nasıl davranmalarını istediklerini çok iyi öğrendim. Kendisi istemedikçe, anne antrenörle konuşmamalı.

Oğlum saha kenarındaki tellere yapışmış, arkadaşlarını destekleyecek sözler haykırıyor. Yüzündeki ifadeyi görmek istiyorum, ama biliyorum ki, oğlum da diğer erkekler gibi duygularını gizlemeyi çok iyi başarıyor. İçim sızlıyor, çünkü oğlumun çok çalıştığını ve bu yüzden büyük düş kırıklığı yaşadığını biliyorum. Erkeklerin neden böyle bir şey yapmaya gerek duyduklarını bir türlü anlayamıyorum.

Sağ alana çıkan çocuğun babası bağırıyor "Hadi oğlum, hadi Eddie" oğlunun oyunu başlatmasından gururlu. Oğlu topu elinden düşürdüğü ya da kötü bir atış yaptığı zaman, aynı adamın düş kırıklığıyla sahadan ayrıldıklarını anımsıyorum. Ama şimdi oğluyla gururlanıyor, benim oğlumsa oyunu saha dışından izliyor.

Ondördüncü atışta artık parmaklarım soğuktan hissizleşiyor, ayaklarımsa buz gibi, ama umurumda değil. Matthew oyuna giriyor. Ayağa kalkıyor, kendisine bir kask seçiyor, beyzbol sopasını eline alıyor ve sahaya çıkıyor. Oturduğum metal sıraya adeta yapışıyorum. Bir-iki egzersiz vuruşu yapıyor. Atış yapan çocuk bir yetişkin görünümünde. Birileri acaba onun nüfus cüzdanına baktı mı?

Birinci atış. "Harika bir vuruş!" diye haykırıyorum. İkinci atış tam isabet. "Aferin, aferin!" Dua ediyorum. Topu atan dönüyor. Nefesimi tutuyorum. Üçüncü vuruş. Oğlumun başı dikleşiyor ve geri geri gidip, saha dışına çıkıyor. Ona yardım edebilmeyi istiyorum. Ama yapabileceğim bir şey olmadığını biliyorum.

Tam sekiz yıldır oturuyorum bu sıralarda. Belki galonlarca berbat kahve içtim, tonlarca sosisli sandviç ve tuzlu patlak mısır yedim bu sıralarda. Sıcak, soğuk demedim, yağmur, rüzgâr demedim.

Bazı insanlar, normal bir insanın neden böyle şeyler yaptıklarını anlamazlar. Sporda kendi başaramadıklarımı çocuklarımın başarmasını istemek değil bunun nedeni. Kendimi duygusal olarak daha iyi hissetme isteği de değil. İki oğlumun futbolda büyük gollar attıklarına, beyzbolda çok başarılı olduklarına, basketbolda takımlarını öne geçirdiklerine tanık oldum. Ama yaşadıklarım genellikle düş kırıklıklarıydı.

Onlarla birlikte telefon başında, takıma seçildikleri haberini bekledim. O telefon hiçbir zaman gelmezdi. Antrenörlerinin oğullarıma bağırdıklarını gördüm. Onların saha dışında oturup, uzaktan oyunu izlediklerine tanık oldum. Kırık bacakları alçıya alınırken ya da incinen ayaklarını röntgeni çekilirken acillerde bekledim. Yıllardır bu sıralarda oturup, onları izliyor ve neden böyle davrandığıma bir türlü anlam veremiyorum.

Oyun sona eriyor. Bacaklarımı uzatıyor, donmuş ayaklarımı açmaya çalışıyorum. Antrenör takımın yanına gidiyor. Bütün takım bir ağızdan bağırıyor ve annebabalarının yanlarına dağılıyorlar. Eddie'nin babasının sırıttığını ve oğlunun sırtını sıvazladığını farkediyorum. Matthew hamburger almak istiyor. Ben onu beklerken, antrenör yanıma geliyor. Yüzüne bakmak istemiyorum.

"Bayan Bodmer, harika bir oğlunuz olduğunu söylemek istiyorum."

Oğlumun kalbini kırma nedenini açıklamasını bekliyorum.

"Oğlunuza oyunun başlama vuruşu yapmasını söylediğim zaman, teşekkür edip beni reddetti. Bana Eddie'nin başlatmasını istediğini, çünkü bunun onun için çok daha önemli olduğunu söyledi."

Oğluma dönüyorum. İştahla hamburgerini ağzına tıkıştırıyor. Neden o sıralarda oturduğumu şimdi anlıyorum. Oğlumun yetişkin bir erkek olduğunu başka nerede anlayabilirim ki?

Judy Bodmer

"Birinin saha dışına çıkması gerekiyor. Benim tuvalete gitmem gerek, ben gidebilir miyim?"

Annelik Konusunda Olgunlaştığınızı Nasıl Anlarsınız?

Bu dönem belki artık *rock* konserlerinin başınızı ağrıtmaya başladığında başlar. Ya da sofrada diğerlerinden önce kendinizi düşünmeye başladığınızda. Veya bir tartışmaya "Çünkü ben annenizim, bu yüzden!" diye sonlandırmaya başladığınızı farkedersiniz.

Anneliğin yeni bir aşamasına ulaşmışsınızdır artık. Bütün uyarı sinyallerinden söz edeceğim. Annelik konusunda olgunlaştığınızı şu sinyalleri farkettiğinizde anlarsınız:

Çocuklarınız için hazırladığınız supu kâselere dökerken, her birine eşit miktarda sup koyduğunuzu anlamak için kâseleri ölçmeye başlarsınız.

Küçük oğlunuzun en sevdiği oyuncak arabasını kırıp, onu ağlatan ağabeyiyle yaptığı hatayı düzeltmesi için bir sözleşme imzalarsınız.

Bir seferde sadece bir bacağınızı traş edecek zaman bulabilirsiniz.

Yalnız kalabilmek için banyoya saklanırsınız.

Çocuğunuzun her dağıttığını toplarsınız.

Bir partide bir başkasının çocuğu ortalığı dağıtır, siz sürekli tıkınırsınız.

Bir sürü kızarmış ekmek dilimini ve yumurtayı hiçbiri birbirine değmeyecek şekilde yerleştirme konusunda uzmanlaşırsınız.

Çocuğunuz havaalanının bekleme salonunda yüksek sesle kendisine masal anlatmanızı ister ve onu reddetmezsiniz.

Çocuğunuzun oyuncak silâhlara olan merakı, hatta ekmek dilimini ısırarak ekmeğe silâh şekli vermesi hiç sinirlerinizi bozmaz.

Ketçapın bir tür sebze olduğu konusunda umudunuz vardır, çünkü çocuğunuz ketçaptan başka bir şey yemiyordur.

Oğlunuzun artık bir kız arkadaşının olması düşüncesi bile sizi mahveder.

Bir eşinin olmasının düşüncesinden ise daha çok nefret edersiniz.

Eşinizin sandöviçlerini, ekmek dilimlerini değişik şekillerde keserek hazırladığınızı farkedersiniz.

Çocuğunuzla birlikte video izlerken avcının Bambi'nin annesini vurduğu sahneyi hemen ileriye sararsınız.

Çocuğunuz aslanları çok sevdiği için, onu her hafta hayvanat bahçesine götürmeye başlarsınız.

Çocuğunuz okula başladığının birinci ayında sizden ayrılmak istemediği için moraliniz çok bozulur, sonra da çocuğunuz arkasına dönüp bakmadan okula gitmeye başlayınca moraliniz daha çok bozulur.

Çocuğunuzun bebeklik giysilerini vermeye dayanamazsınız, artık bu bir tür sondur çünkü.

"Üzerinde bu güzel giysilerinle olmaz" sözleri ağzınızdan döküldüğünde, annenizin sesini işitir gibi olursunuz.

Annenizin sizi büyüttüğü yöntemi eleştirmekten vazgeçersiniz.

Eskisi kadar rahat uyku uyuyamamaya başlarsınız.

Çocuğunuzun yüzünü temizlemek için kendi tükürüğünüzü kullanmaya başlarsınız.

Bir yerlerde ortalama bir çocuğun günde 437 soru sorduğunu okuduktan sonra, kendi çocuğunuzun "ortalamanın üstünde" olmasından gurur duyarsınız.

Uzun zamandır eşinizle gece bir yere çıkmadığınız için çocuklara bir geceliğine bir bakıcı bulur, sonra da gecenin yarısını telefon başında çocukları sorarak geçirirsiniz.

Günde en az bir kez "Ben bu işi yapacak kadın değilim" dersiniz, ama bu işten asla vazgeçmeyeceğinizi çok iyi bilirsiniz.

Liane Kupferberg Carter

Sonsuza Değin, Her An ve Her Koşulda!

Bir annenin ne çocuğuna duyduğu sevginin, ne de ona gösterdiği dostluğun bir benzeri vardır.

Henry Ward Beecher

Kızımız Ariana bebeklikten çocukluğa, diğer çocuklardan hiçbir şekilde farklı olmayan bir biçimde, oraya buraya başını vurarak, dizlerini yaralayarak geçti. Bu tür durumlarda kollarımı ona uzatır ve "Gel bana" derim. Hemen yanıma gelir, kucağıma oturur, birbirimize sarılırız ve ona "Sen benim kızım mısın?" derim. Gözyaşları arasında başını sallar ve "Evet" der. O zaman ona, "Benim tatlı, biricik Ariana kızım mı?" dediğimde yine başını sallar evet anlamında, ama bu kez gülümseyerek. O zaman ona "Seni sonsuza değin, her an ve her koşulda seveceğim!" derim. Hemen kıkırdamaya başlar ve bana sarılır. Sonra da benzer bir başka duruma kadar birbirimizden ayrılırız.

Ariana şimdi dört buçuk yaşında. Bizim "Gel bana"larımız sadece dizler yaralandığında ya da duygular incindiğinde değil, "günaydın"lar ve "iyi geceler" için de sürüp gidiyor.

Bundan birkaç hafta önce, hani o hepimizin bildiği "berbat" günlerden biriydi. Dört buçuk yaşındaki kızım, ergenlik dönemindeki ikiz oğullarımla ilgilenmekten ve evden yürüttüğüm işimden bıkmış, yorgun düşmüş ve artık ne yapacağımı bilemez bir durumdaydım. Kapı ya da telefon her çalındığında bir yığın iş geliyordu ve hepsi de işin hemen yapılmasını istiyordu. O gün öğleden sonra artık tükendiğimi hissettim, yatak odama gittim ve ağlamaya başladım.

Çok geçmeden Ariana yanıma geldi ve "Bana gel" dedi. Yanıma kıvrıldı, minik tombul ellerini nemli yanaklarıma koydu ve "Sen benim annem misin?" dedi. Gözyaşları arasında ona evet anlamında başımı salladım. "Benim tatlı, biricik annem mi?" Ona yine evet anlamında başımı salladım ve gülümsedim. "Seni sonsuza değin, her an ve her koşulda seveceğim!" Kıkırdadık, birbirimize sarıldık ve benzer bir sorun yaşayana kadar birbirimizden ayrıldık.

Jeanette Lisefski

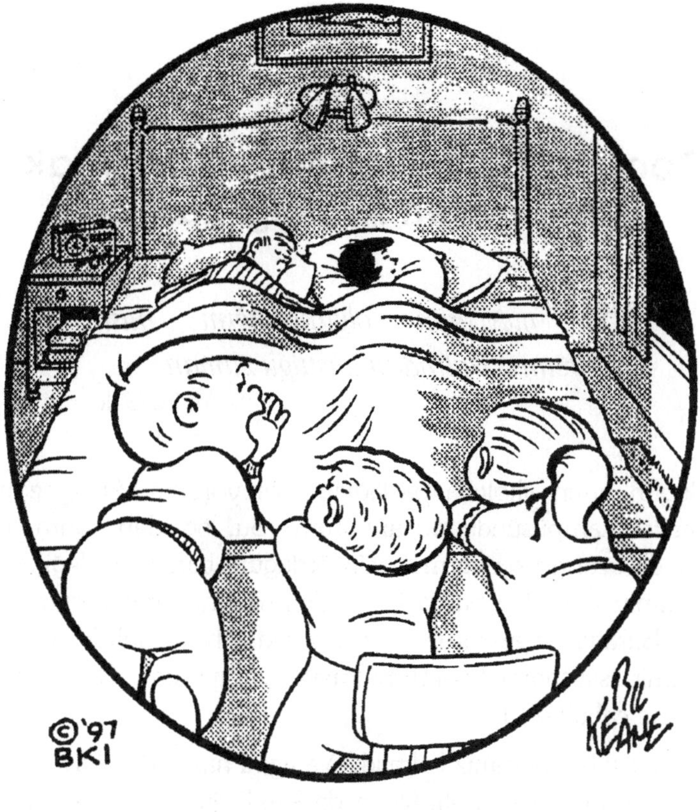

"Uykudayken ne şeker, ne huzurlu görünüyorlar. Gün boyu nasıl oluyor da durmadan bağırıyorlar, hiç aklım almıyor."

Çocuğunuz Üniversiteye Başlamak Üzere Evden Ayrıldığı Zaman

Bir meyvenin olgunlaştığını nasıl anlarsınız? Dalından düştüğü zaman.

Andre Gide

Bugün onun ilkokula başladığını sanıyordum. Öyleyse bu üniversite kampüsünde ne arıyorum? Şu, öğleden sonra uykularında üzerine serivermek için ördüğüm battaniye değil mi? O battaniyeyi neden bu garip yatağın üzerine bırakıyorum öyleyse? Burada ne arıyoruz? O ise o kadar heyecanlı ki. Bense yüreğimin sıkıştığını hissettirmemeye çalışıyorum. O koskoca 18 yıl ne çabuk geçti?

Yapacak başka işimiz kalmadı. Yatağını hazırladık, bavullarını boşaltıp dolaplara yerleştirdik, o da şimdi duvarlara resimlerini ve posterlerini asıyor. Yoksa bu, artık ayrılma vaktinin gelip çattığını mı gösteriyor? Onu öpüyor, hoşçakal diyorum gülümseyerek. Hoşça vakit geçirmesini diliyorum, ama ders çalışmayı unutacak kadar da değil. Sonra da kapıdan çıkıyor, arabamı açıp, direksiyona geçiyorum, ağlıyorum.

Eve yapayalnız dönüyorum, yol bitmek bilmiyor. Eve giriyorum. Her şey o kadar durağan ki, sanki herkes bu evi sonsuza dek terketmiş gibi. Odası çırılçıplak, sessiz ve Tanrım, bomboş! İnanamıyorum. Halının üzeri bile bomboş! Yatağı yapılı ve üzerinde bir çorap teki bile yok. Penceredeki perdeler düzgün duruyor, dolabıysa hemen hemen bomboş. Ama ... o da ne? Yatağının altı hâlâ çer çöple dolu!

İşte uzun zamandır aradığım fincanlarım ve kristal bardağım, hepsi de şifoniyerin üzerinde. Bardakların arkasında eski erkek arkadaşlarının fotoğrafları dizili. İşte en sevdiği bluzu köşede duruyor. Unutmuş. Benden öğrendiği her şeyi bu bluz gibi unutur mu yoksa?

Lisenin servis otobüsünün sesini duyuyorum ve kalbim yerinden çıkacak gibi oluyor, eve geldiğini sanıyorum. Sonra anımsayıp, iç geçiriyorum. Artık servis otobüsü bizim kapının önünde durmayacak. Otobüs köşeyi dönüyor, yoluna devam ediyor. Bense arkasından boş yola bakıyorum. Artık liseli kızım yok, ev artık çocuklarla dolup taşmıyor, ev dağınık değil, banyo tertemiz. Bütün ev sadece temiz, düzenli, sıkıcı ve sessiz.

Bu sabah ben de anneydim, 18 yıldır işbaşında olan bir anne. Sonra, her şey bitti, bu kadar basit. Artık ne yapacağım? Kimin için yemekler hazırlayacağım? Onun bağımsız bir insan olmasını ben istedim, annelik işimi başarıyla tamamladığıma inandım, ama bugün yüreğimin parça parça olacağını neden kimse bana söylemedi?

Daha dün kucağıma oturmadı mı, bukleleri aynı bebekliğindeki gibi güneşte ışıl ışıl parlamıyor muydu? Artık yepyeni bir yolda koşuyor. Artık onun yaralarını bir öpücükle iyileştiremeyeceğim. Yara bantları ve en sevdiği kurabiyeler işe yaramayacak. Onun üzülmesine ve gözyaşı dökmesine engel olacağıma söz veriyorum, ama bunu yapamam ki. Her şeyi artık kendi başına öğrenmesi gerekiyor, gözyaşı dökmeyi, kendi acılarını hafifletmeyi.

Buna hazır olduğumu sanıyordum, her şeyi çok iyi planlamıştım. Ben de yeni bir kariyere başladım, projeler hazırladım ve tüm takvimim doldu. Hani oturup, boş yuva sendromu yaşamayacaktım. Bu ben olamam. Ben daha akıllı bir insandım. Ben "yepyeni" bir kadın, kendine güvenen, hareketli, etkin bir iş kadınıyım. Öyleyse neden kızımın en sevdiği bebeğine sarılıp ağlıyorum?

Sonra birden bir başka sonbaharda, bir başka yeri anımsıyorum. Üniversiteye başlayıp, evinden ayrılan, büyük düşler peşinde, gelecek günlerin heyecanıyla umut dolu kız benim bu kez. Tüm bedeni üzüntüyle sarsılarak, bana el sallayan da babam. Evet, sevgili babacığım! Seni şimdi çok iyi anlıyorum!

Yaşamın bir evresi sona erdi, sana her yönden muhtaç olan çocuğunun artık sana gereksinimi kalmadı. Yüreğinde artık koskoca bir boşluk var.

Bugünleri atlatacağıma ve yeni düşlerin peşinden koşacağıma inanıyorum. Sevgi denen şey ortalığı toplamak ve düzenli ve toplu banyolardan hoşlanmak değildir. Ama şimdilik, bu altın sarısı sonbahar günü, kızımın odasında oturup, en sevdiği bebeğini elimden bırakmayacağım ve gözyaşı döküp, anılarımı yaşayacağım.

Phyllis Volkens

Çocuk Bakıcısı

Dallas'a geldiğim yıl gerçek anneliğin ne olduğunu ve sadece annelere ait bir şey olmadığını çok iyi öğrendim. Dallas-Fort Worth televizyon piyasasına NBC Televizyonunun haber programı yapımcısı ve sunucusu olarak gelmiştim. Eski bir Amerika güzeli olarak, güzellik kraliçelerinin nasıl görüldüğünü çok iyi biliyor ve kendimi kanıtlamak için elimden geldiği kadar çalışmaya hazır hissediyordum. Çok çalışmaktan asla yılmıyordum, çünkü işimi çok seviyordum, ama ailemi de çok seviyordum. Yeni işimin, yeni bir evin, dört çocuğumun ve Teksas'ın dayanılmaz sıcağının üzerimde yarattığı baskı ile nasıl başedeceğimi bilemiyordum.

En büyük sorun, üç yaşındaki oğlum Tyler'a bir bakıcı bulmak oldu. Oklahoma City'de çok yakınımızda oturan bir aile bakmıştı Tyler'a ve sanki o ailenin çocuğu olmuştu. Dallas'da da bu konuda kendimi rahat hissetmek istiyorsam, ona çok iyi bir bakıcı bulmalıydım. Peşpeşe gelen seçenekler üzerinde düşünmek, aynı zamanda işime zaman ayırmak oldukça güçtü ve kısa bir sürede karar vermem gerekiyordu.

Tam umutlarımı yitirmek üzereydim ki, arkadaşım Carmen imdadıma yetişti. San Antonio'da yaşayan bir teyzesi varmış, Dallas'a gelebilir ve bir süre kendisini deneyebilirmişiz. Teyzesi hakkında anlattıkları tam istediklerime uyuyordu ve hemen kararımı verdim. Mary'ye hemen haber gönderdik ve beklemeye başladık.

Kapıyı açtığımda karşımda gördüğüm kadın, gözümde canlandırdığım ideal bakıcıya hiç uymuyordu. Ufacık bir kadındı ve oldukça yaşlıydı. Giysileri eski püskü ve uyumsuzdu, ceketinin önünü çengelli iğneyle kapatmıştı. Çok utangaçtı ve İngilizcesi bozuktu, soru sorduğumda bile, zorla ağzını açıp yanıt veriyordu. Gülümsediğinde ise, yokluk içinde geçirdiği yaşamının izleri okunuyordu yüzünden. Ona nasıl iş verebilirdim? Karar vermesi konusunda ona nasıl güvenebilirdim? Acaba karşımdaki insan benim bakımıma muhtaç yeni birisi miydi?

Tyler kafamdaki bütün soruları yanıtladı, bütün şüphelerimi bir anda bir yana itti. Elini tutup, onu içeriye soktu ve sonraki birkaç saat boyunca Tyler bıcır bıcır konuştu, Mary de gülümseyerek onu dinledi. Aynı koltuğa oturdular, birlikte televizyon izlediler ve birlikte yerde resim yaptılar. Sürekli Tyler'ın çok "zeki" olduğunu söylüyordu, ama ikisinin de birbirlerinden birşeyler öğrendiğine inandım ben.

Mary kendisine aldığımız giysileri özel günlerde giyinmek üzere dolabında saklıyordu. Fakat Tyler Mary'nin başkalarından farklı olduğunu ya farketmiyordu ya da farketmek istemiyordu. Sadece yeni arkadaşıyla çok gururlanıyordu. Her öğleden sonra Mary Tyler'la birlikte okula gidiyor ve hiç bıkmadan okuldaki bir banka oturup, çocukları izliyordu. Paydos zili çaldıktan sonra, Tyler hemen yanına koşuyor ve birlikte eve dönüyorlardı. Yağmurların ilk başladığı gün Tyler'ı arabayla eve bırakmak istedim, ama o Mary ile su birikintilerinde oynayarak eve dönmeyi yeğledi. O günden sonra da, hava yağmurlu, rüzgârlı ya da karlı olsun, Mary ve Tyler eve yürüyerek döndüler. Aralarındaki sevgiyi pek çok insan anlayamazdı.

O ikisinin dostluğu ile ilgili en güzel anım, göz doktoruna gittiğimiz gündü. Mary kalabalık yerlerde her zaman utangaç ve ürkekti ve büyük bir göz kliniğine gitme fikrinden hiç hoşlanmamıştı. Fakat gözlerinin kontrol edilmesi gerektiği konusunda onu ikna ettim. Muayene sandalyesinde o kadar zavallı ve çaresiz görünüyordu ki, Tyler da onun huzursuzluğunu hissetti. Işıklar söndüğünde Tyler Mary'ye bir-iki adım yaklaştı. Doktor duvarda harfler gösterirken, Mary utangaç utangaç üst sıradaki harfleri söyledi ve harfler küçüldükçe Mary de güçlük çekmeye başladı. Tam o sırada göz ucuyla Tyler'ın Mary'nin sandalyesinin arkasına geçtiğini ve doğru yanıtı ona fısıldadığını gördüm.

Tanrı'ya şükürler olsun ki, annelik sadece annelere ait bir şey değil. Tanrı'ya şükürler olsun ki, yeryüzünde başkalarına birşeyler verecek ve onları sevecek kapasiteye sahip insanlar var. Çocukların yanında kendilerini seven insanların olması ne güzel bir şey - çocuk bakıcıları, izci liderleri, antrenörler, öğretmenler, hemşireler, komşular, teyzeler ve amcalar. Tanrı'ya şükürler olsun ki, yeryüzünde Mary gibi melekler var.

Jane Jayroe

Üvey Anne

Bundan birkaç yıl önce Eric ile boşandıktan sonra, zor bir şeyi başardık ve iki iyi dost olduk. Belli kurallar ve ziyaret günleri üzerinde anlaştık ve oğlumuz Charley iki ev arasında kurduğumuz denge sayesinde boşanmamızdan olumsuz yönde etkilenmedi. Gayet uyumlu ve mutlu görünüyordu.

Oğlumun üvey annesi olacak kadınla, yani Eric'in nişanlısıyla ilk karşılaşmamızda, doğal olarak biraz huzursuz ve heyecanlıydım. Bonny'nin oğlumun yaşamında etkisinin olacağı şüphe götürmez bir şeydi. O zaman takdir edemediğim bir şey vardı, o kadın benim de yaşamımı etkileyecekti.

İlk karşılaşmamızda, birbirimizden çok farklı iki kadın olmamızdan doğrusu çok etkilendim. Çok "başarılı" bir giyim tarzı vardı, bense oldukça "pejmürde" sayılırdım. Çok çekici ve kendine güvenliydi, bense kararsız ve çok heyecanlıydım. Çok huzursuzdum, şüpheciydim, onun her bir davranışından anlam çıkartmaya çalışıyor, oğlumun ilerideki annesini ölçüp, biçiyordum. Kafamdaki tek düşünce, "Benim sevgili bebeğime ne yapacak?"tı.

O ana kadar "eski" kocamın günün birinde nasıl bir kadınla evleneceği konusunda fanteziler kurmuştum. Bunlardan biri acımasız bir cadıydı, oğlum çığlık çığlığa kaçıyordu ondan. Kaçardı elbette, bana, gerçek annesine, kendisine sabırla ve bilgece destek olan annesine koşardı.

Bir başka fantezim ise daha ürkütücüydü. Bundaki kadın, oğlumu sorunlarından kurtaran, kaya gibi sağlam ve güçlü biriydi. Her işine burnunu sokan, onu hiçbir zaman anlamayan annesinden koruyordu. Daha da kötüsü, ona her istediğini sunuyor ve oğlum bana telefon açıp, "Bu gece eve gelemeyeceğim anne. Bonny Bull'un maçı için özel loca kiraladı bana" diyordu.

Ne yazık ki, fantezilerimin sonuncusu, aslında fantezi değildi. Bu, oğlumun öteki annesi olmaya hazır, gerçek bir insandı ve yapabileceğim tek şey beklemek ve görmekti.

Zamanla Bonny'nin yanında kendimi daha rahat hissetmeye ve daha doğal davranmaya başladım. O da rahatladı ve bana karşı daha candan davranmaya başladı. Charley'yi alıp, bırakırken, okul konferanslarında ve futbol maçlarında biraraya geldiğimiz zaman daha rahat olmaya başladık.

Sonra bir gece yeni eşimle, Eric ve Bonny'yi okuldaki bir konferanstan sonra evimize kahve içmeye davet ettik. Hepimizi birarada görmeye bayılan Charley durumdan çok hoşnuttu. O gece bütün yapmacık ve zoraki davranışlar kendiliğinden yok oldu. Bonny ile ben aramızdaki duvarları biraz daha kaldırdık ve daha açıklıkla konuşmayı başardık. "Eski" ve "üvey" sözcüklerini bir yana bıraktık ve sadece iki arkadaş oluverdik.

Birkaç ay sonra, dördümüz Charley'nin notlarını değerlendirmek üzere biraraya geldik. Bonny her zaman yaptığı gibi özetler, listeler ve veriler kullanmayı -sanki bir kurulun önünde bir vakayı açıklıyor gibi- bir yana bırakıp, bizlere açıldı ve zor bir durumda olduğunu itiraf etti. Ergenlik dönemine giren Charley'nin sorunlarıyla ilgilenirken zaman zaman duyduğu çaresizliği ve güvensizliği dile getirdi. Acaba onu çok fazla mı sıkıyordu, yoksa çok mu serbest bırakıyordu? Onu fazla mı zorluyordu, yoksa çok mu rahat bırakıyordu?

Bonny'ye yüreğim daha çok ısındı. Bütün bunlar geceler boyu beni de uyutmayan sorulardı. Aynı bir anne gibi düşünüyor, hissediyor ve davranıyordu ve gerçekten de gerçek bir anne olmuştu oğluma.

Charley'nin ikinci annesi ne oğluma zarar verecek bir cadı, ne de oğlumu benden çalacak bir periydi. O benim küçük oğlumu seven bir kadındı. Onun için kaygılanacak, onun için savaşacak ve onu kötülüklerden koruyacak bir kadın.

Bonny'nin dış görüntüsünden rahatsız olmuştum, ama artık onun Charley'nin ve benim yaşamımdaki yerinden çok hoşnutum. Onun fikirleri -hatta listeleri bile- benim için çok değerli. Oğlumu aynı bir oyuncak gibi yanımdan ayırmama konusundaki isteğimde haksızmışım. Onu paylaşmak istememiştim. Belki onu seven ilk insan bendim, ama bunun anlamı son insan olmam gerektiği değil elbette. Artık yeryüzünde oğlumu gözeten ve kollayan bir insan daha var. İşte bu nedenle Anneliği Bonny'yle keyifle paylaşıyorum.

Jennifer Graham

5

ANNE OLMAK ÜZERİNE

Dünyaya gelen her yeni bebek, Tanrı'nın yeni bir düşüncesidir ve taptaze bir olasılıktır, dört bir yana yayılan...

Kate Douglas Wiggin

"Annem bebek almaya hastaneye gitmeyecek. Hastaneden getirtecek."

Tanımlanması Olanaksız Bir Armağan

Bir bebek dünyaya geldikten sonraki ilk günlerin sadeliğinde ve güzelliğinde, o sihirli döngüyü, o sadece birbiri için varolan iki insanın gizemli duygusunu bir kez daha görür insan.

Anne Marrow Lindbergh

Cennetten gelip dünyaya gözlerini açıyor ve kollarımın arasına kayıyor. Tanrı'dan gelen bir armağan. Tanımlanması olanaksız bir armağan. Yüzüne baktığımda, çevresine yaydığı huzuru ve saflığı görüyorum. Mutluluk gözyaşları arasında kulağına fısıldıyorum, "Aramıza hoşgeldin. Seni o kadar uzun zamandır bekliyoruz ki." Gözlerini açıyor ve o anda sonsuzluğu ve yaşamın anlamını hissediyorum. Gözlerinde koşulsuz sevgiyi ve güveni görüyorum. Bildiğim her şeyi onu yönlendirmek için kullanacağımdan eminim.

Yatakta babasıyla benim aramda uyuyor. Ellerindeki ve ayaklarındaki parmakları sayıyoruz ve bu minicik ve mükemmel varlığa hayran kalıyoruz. Bize benzeyip benzemediğini anlamaya çalışıyoruz ve onun bir benzeri daha olmadığına karar veriyoruz, o sadece kendisi. Söyleyecek bir söz bulamıyoruz, ama onu düşünüyoruz. Onun için umutlarımız ve düşlerimiz var. Onun nasıl bir insan olacağını, ne tür özellikleri olacağını ve dünyaya nasıl bakacağını düşlüyoruz. Sadece ona bakmak, beraberinde getirdiği sevgi ve güzelliği hissetmek bile yaşamın üzerimizdeki baskısını ve tüm sıkıntılarımızı bir anda yok ediyor. Şu anda en önemli şey ve tek gerçek, onun yanımızda olması. Gözlerimizi yumup, uyumak istemiyoruz.

Günler ve yıllar birbirini izlerken, onun değişmesi bizi korkutuyor. İlk gülümsemesi, dudaklarından dökülen ilk sözcük, attığı ilk adım, hep bir plana göre gidiyor. Bize sil baştan oyun oynamayı, durup dünyaya bakıp her şeyi yeni baştan görmeyi öğretiyor. Hep gördüğümüz ve çok yakından tanıdığımız her şeyi yeniden keşfediyoruz. Bizlerin artık anımsayamadığımız, hissedemediğimiz ve göremediğimiz her şeyin farkında olduğu ortada.

Zaman bir kuş gibi geçecek. Birdenbire büyüyüp genç bir insan olacak ve kanatlanıp ellerimizin arasından uçacak. Onu yuvadan uçurmak bize acı verecek, ama onun sadece bize ait olmadığını biliyoruz. O bizi mutlu etmeye, bize birşeyler öğretmeye, bizi bir bütün yapmaya ve Tanrı'dan kopmamamızı sağlamaya geldi aramıza, bunları biliyoruz.

Jeanette Lisefski

Annelik İçgüdüsü

İlk hamileliğimin sonlarına yaklaşıyordum ve doktor yataktan çıkmamı yasaklamıştı. Bebeğimi neredeyse düşürüyordum ve hiçbir riski göze almak istemiyordum. Sadece yatakta yatıyor, bebeğimle konuşuyor ve karnımdaki her hareketini zevkle izliyordum. Bana her sabah saat dokuzda günaydın diyor ve gün boyunca karnımda adeta dansediyor ve kendisine rahat bir yer buluncaya kadar dönüyor, sonra sil baştan yine dansa başlıyordu.

Angelica'nın tahmini doğum tarihinden iki hafta önce, bir sabah uyandım ve hiç hareket etmediğini farkettim. Hamilelik konusunda yazılmış kitaplardan birinde bunun normal bir şey olduğunu okumuştum ve sakin davranmaya çalıştım. Televizyonda Phil Donahue'yu, sonra saat 10:00'da Oprah'yı izledim, hâlâ hiçbir hareket yoktu ve artık ciddi biçimde kaygılanmaya başlamıştım. Hemen doktorumu aradım. Bana, "Kaygılanma" dedi, "Bu normal bir durum. Eğer sekiz saat boyunca hiç hareket etmezse, o zaman bir önlem almamız gerekir." Kitapta yazılanlardan farklı değildi sözleri.

O sırada "annelik içgüdüm" harekete geçti. Uzmanların ne söyledikleri umurumda değildi. Birşeylerin ters gittiğinden emindim. Doktoru tekrar aradım ve muayenehanesine geleceğimi ve bebeğimin kalp atımlarını dinlemesini istediğimi söyledim. Tepkimin gereksiz olduğunu düşünmeleri umurumda değildi. Sadece içgüdülerime göre hareket ediyordum.

Hemşire beni monitöre bağlarken eşim geldi. Bebeğimin kalbi düzenli ama çok zayıf atıyordu. Fakat saat 11:30'da ultrason hareket eden tek şeyin bebeğimin kalbi olduğunu gösterdi.

Beni hemen hastaneye sevkettiler, doktorum acil bir sezeryan gerektiğini söyledi. Yoksa bebeğim ölecek miydi? Hastanedeki hemşire bizi karşıladı ve "Tamam, hazırız'" dedi. Eşim arabayı park edene kadar koluma sıvı takılmıştı ve ameliyata hazırdım.

Ameliyat boyunca eşimin elini sıktım, kızımızın yaşamının kurtulması için dua ederek. Doğduğunda rengi masmaviydi. Doktor poposuna vurdu, bir daha, bir daha. Tanrım, ne olur onu bizden alma. Tam o sırada bir çığlık duyuldu, o güne kadar duyduğum en güzel sesti o. Gözyaşları arasında kızımızı öptük ve ona, aramıza hoşgeldin dedik. Kordonlara dolanmıştı ve doktoru zamanında aramasaydım, ölecekti.

Doktoru aramamı sağlayan neydi? Annelik içgüdüsüydü, her annenin çocukları söz konusu olduğu zamanki altıncı hissiydi. Henüz anne olmadan, çocuğumun yaşamını kurtarmam için beni harekete geçiren annelik içgüdüsüne müteşekkirdim.

Sevgili, minik Angelica. Şimdi 10 yaşında, çok güzel bir kız. En sevdiği öykünün ne olduğunu biliyor musunuz? "Anneciğim, ne olur dünyaya nasıl geldiğimi bir kez daha anlat."

Amy Hilliard-Jones

Bize Benziyor

İlk bebeğim dünyaya gelmeden üç ay önce, bebeğim için hazırlık yapmaya başladım. Zaten annemin sakladığı benden kalma eşyalar, büyükannemin sakladığı babamdan kalan giysiler ve bu büyük olay için yıllar öncesinden annemin ve büyükannemin ördüğü giysiler vardı.

Ayrıca, en güzeli babamdan kalma beyaz pamuklu bir elbise olmak üzere birkaç elbise, iki tane yatak süsü, patikler ve eşimin yumruğuna takmaya çalışarak eğlendiğimiz bir şapka.

Ben elişlerinde pek hünerli bir insan değilimdir, ama bebeğimin yatağını süsleyeceğim yastıkların, yorganların elişi olması benim için çok önemliydi. Benim çok güzel beyaz kundak giysilerimle çekilmiş fotoğraflarım vardı ve yeni dünyaya gelen bir bebek için, bu tür şeyleri çok güzel buluyordum. Bunun üzerine hemen beyaz bir kundak elbisesi diktim ve saten kurdelelerle süsledim. O güne değin kendi ellerimle diktiğim ilk şeydi ve çok güzel oldu.

Sonra alışverişe çıktım. Bezler, biberonlar, çıngıraklar, emzikler, battaniyeler, bir puset, araba koltuğu ve diş kaşıyıcıları aldım. Günümüzde bebekler için gerekli olan eşyalar eskiye göre çok yer tutuyordu.

Bebeğimizin yumuşacık tüm eşyalarını açık sarıya boyadığımız ve daha bebeğimiz dünyaya gelmeden pudra kokan güzel odasına yerleştirdik. Her gün eşyalarıyla oynuyordum.

Çok fazla beklememize gerek kalmadı. Doğması beklenen tarihte dünyaya geldi. 21 saat süren bir çabadan sonra dünyaya geldiğinde yüzü kıpkırmızıydı. Başının şekli çok güzeldi, hiç saçları yoktu ve çok güzel bir bebekti. Tam dört kilo iki yüz elli gramdı, boyu 51 cm'di. 5 Ocak 1980, saat 12:53.

Bir bebek hakkında konuşurken bu kadar ayrıntıdan neden söz edilir? Çünkü onlar hakkındaki her ayrıntı büyüleyicidir ve çok önemlidir, o yüzden.

Bebeğimi kollarıma verdikleri zaman, yüzüne baktım. Gözlerini açtı ve bana gülümsedi. Bebeklerin gülümsemediklerini söylerler, biliyorum. Bu söze ben hep gülerim, kızıma da "Merhaba!" dedim.

Bebeğimiz dünyaya gelmeden önce, eşimle uzun listeler hazırlamıştık, adını ne koyalım diye. Sonunda bebeğimiz kız olursa, adını Katherine, erkek olursa Benjamin koymaya karar vermiştik. Fakat kız da olsa, erkek de olsa, göbek adı babamın adı olan Lindsey olacaktı. Ve elbette soyadımız Farris.

Katherine Lindsey Farris.

Bebeğimizin doğumunu anneme babama müjdelemek için telefon açtığımda, onlara bebeğimin adını da söyledim. Sevgili babamın, çok güzel konuşan babamın dilinin tutulmasına tanık olmak çok hoştu.

Bebeğimizi evimize getirme vakti geldiğinde, ona babamın kundak elbisesini, o minik başlığı ve ayaklarına çok büyük gelen patikleri giydirdik.

Arkadaşlarımız bebeğin nasıl olduklarını sorduklarında, ağzımdan dökülen ilk söz, "Bize çok benziyor!" olmuştu. Bu konuda daha önce hiç düşünmemiştim. Fakat bebeğimizin doğumundan 10 ay sonra bir başkası da bizimle aynı fikri paylaştığını dile getirdi. Bebeğimizi evlât edinmemizi onaylayan yargıç!

Judy Farris

Anneciğim

Ben geleneksel bir biçimde anne olmadım. Hamile kalmayı seçebilirdim ama, eşimle bir evlât edinmeyi yeğledik. Bir ev ve bir aile özlemi çeken çocuklar vardı.

Kaşların kalkacağını, birtakım kaba sorularla karşı karşıya geleceğimizi biliyorduk, ama bizim için doğru olanı yaptık. Belki bir gün kendi çocuğumu dünyaya getirebilirdim ve böyle bir deneyimin mükemmel bir şey olduğunu biliyordum. Fakat ben bir gecede anne oluverdim.

İki erkek kardeşi evlât edinecektik - beş yaşındaki Jesse ve dört yaşındaki Mario. Fotoğraflarını ilk gördüğümüzde çok zayıf ve hasta gibi görünen bedenleri, içimizdeki her tür şüpheyi bir anda silivermişti. Onları hiç görmeden benimsemiştik bile. Peki ama, onlar bizi kabul edecekler miydi?

Bebeğe ilk banyosunu yaptırmak ya da onu ilk kez beslemek yerine, bir yabancının evinde yere oturmuş, yeni oğullarımdan biriyle Lego'lardan bir denizaltı yapmaya çalışıyordum.

Gözlerimi oğullarımın yüzünden alamıyordum. Mario'nun minik elleri denizaltıyı tamamlayabilmek için plastik parçalarını sıkıştırıyor, arada bir de hâlâ yanında olup olmadığını anlamak için bana kayıyordu. Çok güzeldi. Uzun kirpikleri, gözlerini yere eğdiği zaman yanaklarına değiyor, iri kahverengi gözlerini oyuncağından ayırmıyordu. Onun dört yaşında olduğuna inanmak güçtü. O kadar küçük ve çelimsizdi ki, iki yaşında gösteriyordu. Önceden gördüğüm fotoğraflarını düşünüyordum. Şimdi biraz daha kiloluydu, bize göstermek istediği oyuncaklarını taşırken bacakları birbirine dolanıyordu sanki. Çok mutluydu ve bize çok güven duyuyordu.

Oysa, Jesse beş yaşındaki ağabeyinden çok daha büyük görünüyordu. Birkaç ay sonra altısına basacaktı, ama sekiz, dokuz yaşında gösteriyordu. Çok ciddi bir görüntüsü vardı ve kardeşine karşı çok ilgiliydi. Bütün gece kardeşinin hatalarını düzeltmesine, onu korumasına ve bu iki yabancının -yeni annebabalarının- kardeşini koruyup, ona iyi bakacaklarından emin olmaya çalıştığına tanık olduk.

Acaba kardeşine karşı üstlendiği annebaba rolünü üzerimize almamıza izin verip, o da çocuğumuz olmayı kabul eder miydi? Jesse o kısacık yaşamına yeniden yetişkin insanların girmesine olanak tanır mıydı? Acaba üstesinden gelemeyeceğim bir işe mi kalkışmıştım?

Yanımda incecik bir ses, "Anneciğim, şu parçayı bana verir misin?" dedi.

Sonra yine işittim aynı sesi, bu kez biraz daha yüksek bir tonda.

"Anneciğim, lütfen bana şu parçayı verir misin?"

Dönüp Jesse'ye baktım. Acaba geçici bir süre için yanlarında yaşadığı ailenin annesinin odadan çıktığını farketmemiş miydi? Ama gözgöze geldiğimizde, benimle konuştuğunu anladım.

Anneciğim...?

Sessizce, "Bana... bana mı söyledin, Jesse?" dedim.

Evet anlamında başını salladı.

Kahverengi gözlerini gözlerimden ayırmadan, "O parçayı masanın üzerine koyar mısın?" dedi.

Yanımdaki sehpanın üzerinden istediği mavi parçayı aldım ve ona uzattım. Gülümsedi.

"Teşekkür ederim" dedi kibarca ve parçayı yerine taktı.

"Sana sarılabilir miyim, bir sakıncası yoksa?" dedim ürkerek. Sanki bu soruyu 30 yaşında birine soruyordum, ama onun beş yaşında olmasını istiyordum aynı zamanda.

Bir an tereddüt etti, sonra yüzüme baktı. Düşünüyordu. Acaba bana güvenebilir miydi?

Sonra evet anlamında başını salladı. "Evet" dedikten sonra, denizaltıyı elinden bıraktı.

Ona kollarımı uzattım, yanıma gelip kucağıma oturdu. Ona sıkı sıkı sarıldım. O da kollarını boynuma doladı ve bana sarıldı.

O anda bana bir anneye verilebilecek en güzel armağanı veriyordu. Belki, evet belki ben de ona bir çocuğa verilebilecek en güzel armağanı verebilirdim.

Barbara L. Warner

Yeni Bir Bebek İstemiyorum

"Yeni bir bebek istemiyorum."

Bu, en büyük oğlumuz Brian'ın, kendisine babasıyla üçüncü bir bebek beklediğimizi söylediğimizde verdiği yanıttı. Kardeşi Damian dünyaya geldiğinde, kardeşler arasındaki kıskançlık konusunu halletmiştik. Ama işte üç yaşındaki Brian yeni bebek konusunda ayak diriyordu ve yapacağımız mantıklı bir açıklama da onu ikna edeceğe benzemiyordu.

Kafam karışmıştı, hemen kendisine, "Peki yeni bebeği neden istemiyorsun?" diye sordum.

Gözleri yaşlarla doluydu, iri gözlerini iyice açarak yüzüme baktı ve "Çünkü Damian'dan ayrılmak istemiyorum." dedi.

Rosemary Laurey

Kader

O gün öğleden sonra kapı çalındığında, kapıyı isteksizce açtım. Tamircinin eve gelebileceği en kötü zamandı. Yaklaşık beş aylık hamileydim ve duygusal açıdan çok kötü durumdaydım. Evimizdeki alarm sistemi tam bozulacak zamanı bulmuştu. Hem duygusal açıdan kötü durumdaydık, hem de parasal durumumuz yeni bir tamiratın faturasını ödeyemeyecek kadar kötüydü.

Hamileliğim ağır geçiyor, sabah bulantılarım beni mahvediyordu. Bulantılarım öyle bir hal almıştı ki, işten ayrılmak zorunda kalmıştım ve para sıkıntımız daha da artmıştı. Durumumuzun bu denli kötü olmasına karşın, şikâyet edemeyecek kadar da heyecanlıydık. Bir bebek sahibi olmak için tam bir buçuk yıl uğraşmış ve bir yığın test yaptırmak zorunda kalmıştık. Onca zamandan sonra, düşlerimiz gerçek olmuştu. Hamileydim!

Çok uzun sürmeyeceğini bildiğim sabah bulantıları dışında, hamileliğimin üçte birlik kısmı iyi geçmişti. Her doktor ziyaretini dört gözle bekliyor, her gittiğimde bebeğim hakkında yeni bilgiler ediniyordum. Bu yüzden doktorum, pek çok testin yanında bir de spina bifida testi yaptırmak isteyip istemediğimi sorduğunda hiç tereddütsüz kabul ettim.

Test sonucu çıkar çıkmaz doktorum beni aradı. Kaygılı bir sesle testteki değerlerin çok düşük çıktığını söyledi. Kan sayımım bebeğimin Down sendromlu olduğunu gösteriyordu.

Doktorum hemen bir amniyosentez yaptırmamı istedi. Eşim Joe da, ben de çok kaygılıydık. Teknisyen aynı zamanda ultrason da kullanıyordu ve böylelikle ilk kez bebeğimizin hareket ettiğini gördük. Bir anda bebeğimiz gözümüze o kadar gerçek göründü ki. Gerçekten de anne baba olacaktık ve minik bebeğimiz oğlandı! Bebeğimizin bir sorunu olamazdı, bu olanaksızdı.

Sonucu iki haftadan önce öğrenemeyeceğimizi söylediklerinde, çok kötü olduk. O ana kadar alınan sonuçlar, hamileliğimin sona erdirilmesi gerektiği sonucuna götürüyordu bizi. Ancak, test sonuçları ne olursa olsun, bu seçeneği kabul edemeyecekmişiz gibi geliyordu bize.

İki haftanın bu kadar uzun sürdüğünü hiç bilmezdim. Kendimi sürekli meşgul etmeye çalışıyordum, ama bebeğimi kaybetme korkusunu bir türlü yüreğimden atamıyordum. Evimizdeki alarm sisteminin beklenmedik bir anda bozulması bile düşüncelerimden kurtulmamı sağlayamamıştı. Joe o gün her zamanki gibi erkenden işe gitti. Kendimi yapayalnız ve çaresiz hissediyordum.

Sonunda sonuçları öğreneceğimiz gün geldi çattı. O gün ne kadar heyecanlı olduğumu unutmam mümkün değil. Bütün sabah evde yapayalnızdım ve telefonun çalmasını bekliyordum. Evde korkunç bir sessizlik vardı. Öğle vakti geldiğinde artık dayanamaz olmuştum. Doktoru aradım, ama hemşire sonuçların henüz çıkmadığını söyledi.

Öğle vakti geçti. Kapı çalındığında, artık çıldırmak üzereydim. Otomatik bir şekilde kapıyı açtım, tamirci içeriye girdi, sisteme baktı ve çok geçmeden de çıktı ve arabasına gitti, belli ki kendisine gereken aletleri alacaktı. Duygularım karmakarışıktı. "Bu iş bize çok pahalıya malolacak!" "Bu iş bundan daha kötü bir zamanda başımıza gelemezdi!"

Yaklaşık iki saat sonra hemşire aradı. Söylediklerinden anımsadıklarım kadarıyla, her şey kötü bir şaka gibi başladı. Hem iyi, hem de kötü haberleri vardı.

İyi haber, oğlumuzun Down sendromlu olmadığıydı. Kötü haber ise, iki kromozomunun birbirine bağlanmış olmasıydı.

Hemşire, eğer Joe'da ya da bende benzer bir durum söz konusuysa, oğlumuzun durumunda bir sorun olmadığı şeklinde bir açıklama yaptı. Ancak, her ikimizde de böyle bir sorun yoksa, bebeğin genlerinde bir eksiklik var demekti.

"Ne gibi bir eksiklik?" derken haykırmamak için kendimi zor tutuyordum.

"Üzgünüm Bayan Horning, ama bebeğiniz dünyaya gelene kadar bunun anlaşılması olanaksız. Şimdi sizin ve eşinizin kan testlerinizin yapılabilmesi için buraya gelmeniz gerekiyor."

"Hemen mi? Bunu bugün öğrenebilir miyiz?"

"Testi bugün yapabiliriz ama sonuçlar beş günden önce çıkmaz."

Beş gün mü?

İşte o anda kendimi kaybettim. Bağırıp çağırmaya başladım. 34 yıllık yaşamımda daha önce böyle bağırdığımı anımsamıyorum. Sanki mideme bir yumruk yemiştim ve soluk alamıyordum.

Joe'yu aradım aynı sinirle.

"Colleen, sevgilim, lütfen beni dinle. Hemen yan komşuya geç! Colleen? Hemen geliyorum, ama ben gelene kadar evde yalnız kalmanı istemiyorum."

Sözlerinin ve yakarmalarının hiçbir yararı yoktu, panik halindeydim. Telefon elimden düştü. Telefonun yanında nefes almaya çalışırken, tamircinin ön odada çalışmakta olduğunu farkettim. Bütün bu konuşmaları duyduğuna inanamıyordum. Özür dilemem gerektiğini düşündüm. Yanına yaklaştım, hâlâ ağlıyordum.

Eşikte duruyordu, beni bekliyor gibi bir hali vardı. Ben daha ağzımı açmadan, beni sandalyenin yanına götürdü ve "Oturun," dedi, "oturun ve biraz kendinize gelmeye çalışın."

Sakin davranışları beni rahatlattı. Oturdum ve rahat nefes almaya çalıştım, sakinleşiyordum.

Bu yabancı adam da geçti karşıma oturdu ve alçak sesle bana ilk bebeklerini nasıl kaybettiklerini anlattı. Bebekleri ölü doğmuştu, çünkü eşinde hamilelik sırasında diyabet hastalığının ortaya çıktığını farketmemişlerdi.

Bunu kabul etmekte nasıl zorlandıklarını, ama sonunda pes edip, bazı şeylerin kendi ellerinde olmadığını kabul ettiklerini anlattı.

Yüzüme baktı ve "Şu anda içinizin sızladığını biliyorum, ama yapabileceğiniz bir şey yok. Kader. Lütfen bebeğinizin başına gelenlerde yapabileceğiniz bir şey olmadığını kabul edin. Olanları ne kadar kontrol etmeye çalışırsanız, o kadar çok üzüleceğinizi unutmayın." dedi.

Elimi tuttu ve birkaç ay önce ikinci bebeklerinin dünyaya geldiğini söyledi. Bu kez hiç sorun yokmuş. Sağlıklı bir kız bebekleri olmuş.

Hâlâ zaman zaman erkek olan ilk çocuklarının aklına geldiğini, böyle bir şeyi hiç yaşamamış olmayı istediğini anlattı. Benden bazı şeyleri kadere bırakmamı istedi ve sonunda her şeyin çok iyi olacağını söyledi.

Sonra da, bana sakin sakin öyküsünü anlattığı gibi sakin bir şekilde ön kapıya doğru ilerledi. Sonra döndü ve işinin bittiğini, alarmı tamir ettiğini söyledi.

Bana başka hiç kimsenin edemeyeceği kadar yardım etmişti. Ona teşekkür etmekten başka bir şey söyleyemedim.

Sonra parasını vermediğim aklıma geldi.

Gülümsedi ve hiçbir borcum olmadığını söyledi. Tek istediği kadere inanmamdı.

Tanrı'nın onu kapımıza gönderdiği anki zamanlaması, kusursuzdu.

Colleen Derrick Horning

Editörün Notu: Dört ay sonra Colleen ve Ted'in 4 kg ağırlığında ve çok sağlıklı bir oğulları dünyaya geldi.

Hiç Karşılıksız Sunulan Bir Hazine

Bu anı tam beş yıldır bekliyordum. Çocuksuz, bomboş kollarla geçen, başkalarının bebeklerini kutlayarak ve "Hâlâ hamile değil misin?" sorularına katlanarak geçen beş yıl.

Bir bebek özlemi içindeydim ve sonunda dileklerim gerçek oluyordu. Bebeğimiz artık her an dünyaya gelebilirdi. Eşimle, nefeslerimizi tutmuş bekliyorduk. Çok geçmeden kollarımızda olacaktı, çok geçmeden! Bebeğimizin erkek olduğunu söylemişlerdi. Kendi oğlumuz. Ne büyük zevk, aman Tanrım!

Yıllar önce, bir çocuk sahibi olabilmem için bunca yıl acı çekeceğimizi bilmeden önce, oğlum olunca ona vereceğim adı seçmiştim. Nedendir bilmiyorum ama, aklımıza hiç kız adı gelmiyordu, oysa hiç düşünmeden, hiç tartışmadan oğlumuzun adını belirlemiştik. Oğlumuzun adı, İbranice'de "Tanrı'nın armağanı" anlamına gelen Nathan Andrew olacaktı. Bu adı kendi kendime söylerken, anlamını hiç düşünmemiştim. Sadece söylenişi hoşuma gitmişti, kulağıma erkeksi ve çok hoş bir ad olarak gelmişti. Oğlumun adını çok önceleri, sadece yüreğimde bir evlât isteği olarak varken seçmiştim. Bu adın önemini farkettikten sonra da seçimimden çok hoşnut kalmıştım. Tanrı'nın bu çok değerli armağanına verilebilecek ne de güzel bir addı.

Artık Nathan Andrew'un geleceği günü sabırsızlıkla bekliyorduk. Acıyla ve umutla geçen aylar, yıllar sona ermişti.

Evimizin önüne bir araba geldi ve otoparka girdi. Pencereye koştuk ve bir kadının battaniyeye sarılı bebek taşıyıcısıyla arabadan inişini izledik. Nefesimi tutmuş, elinde taşıdığı bebekten gözlerimi alamıyordum. Çok geçmeden bebeğimi kollarıma alabilecektim. Evet, Tanrım evlât edinme seçeneğiyle de olsa dualarımı kabul etmişti.

İzlediğim sahne yavaş çekim bir film gibi ağırlaşırken, kafamdan yıldırım hızıyla sorular geçiyordu. Bebeği doğuran kıza ne olmuştu? Peki babası ne yapmıştı? Böyle bir günde ne yapıyorlardı acaba?

Tutkunun bir an için kontrol edilememesi, bu masum çocuğun yaşamındaki olaylar zincirinin ilk halkası olmuştu. O olaydan sonra, kimbilir o iki gencin evlerinde ne tartışmalar yaşanmıştı.

Oysa, bebeğini aldırmalıydı. 16 yaşında evlilik dışı bir ilişkiden bir çocuk doğurmaktan kimbilir ne kadar utanç duymuştu. Karnındaki gencecik tazecik cildinin giderek büyümesinden ve sonra da çirkin çatlak izleri bırakmasından çok daha iyi olurdu. Kendisi daha küçücük bir çocukken, doğum sancısı çekmekten çok daha kolay olurdu. Bebeğini dokuz ay karnında taşıyıp, tekmelerini, hıçkırıklarını, kalbinin atışını hissettikten sonra, doğar doğmaz bir başkasının kollarına vermekten çok daha kolay olurdu.

O genç kızı, benden 10 yaş küçük o genç anneyi düşündüm. Bu şehirde yaşıyordu, artık kendisinin olan bebeğini doğurduktan sonra, toparlanmaya çalışıyordu. Tüm hormonları deli gibi çalışıyor, gözyaşlarına ve boş kollarına arkadaşlık ediyor olmalıydı.

Dokuz ay bekledikten sonra, bir erkek çocuğuna can vermişti. Beş yıl bekledikten sonra, biz de o küçük bebeği alıp, hakettiği yaşamı ona sunmak istiyorduk. Onu sevecek, genç bir kızın hiçbir zaman yapamayacağı biçimde onun fiziksel ve duygusal gereksinimlerini karşılayacaktık.

Yaşlı gözlerle, bana bebeğini veren yabancı genç kıza teşekkür ettim. Kendi bedenini tehlikeye atıp, onu karnında taşımış, beslemiş, doğum sancılarına dayanmıştı ve ölene kadar hamileliğin izlerini bedeninde taşıyacaktı. Sonra da, onu bana veriyordu işte.

Artık, ömrü boyunca onun annesi bendim. Bebek taşıyıcısının üzerindeki battaniyeyi yavaşça kaldırdım ve oğlumun yüzüne baktım. Kocaman, gri gözlerini kalın, siyah kirpikler süslüyor ve o güzel gözlerle bana bakıyordu. O minicik parmaklarına dokundum. Çok güzeldi!

Hem dualarımızı kabul ettiği için Tanrı'ya, hem de hiçbir zaman yüzünü görmeyeceğim, bize oğlunu veren kıza minnetle fısıldadım: "Teşekkür ederim!" O kız bedelini hiçbir zaman ödeyemeyeceğimiz bir armağan vermişti bize. Teşekkürler!

Sandra Julian

Biz Seni Seçtik

Ne eti etimden,
Ne kanı kanımdan,
Ama bir mucize eseri benim olan.
Tek bir dakika için bile unutamam,
Yüreğimin altında değil ama,
Yüreğimin içinde büyüdüğünü.

Anonim

En sevdiğim öyküydü. "Yıllarca çocuk bakmıştık, ama hepsi de sonunda kendi anne babalarının yanına gitmişlerdi. Artık kendi bebeğimizi istiyorduk, sonsuza dek bizim yanımızdan ayrılmayacak bir bebek."

Annem bu öyküyü anlatmaya başladığında, genellikle kucağında otururdum, ama büyüdükçe karşısına oturmak, böylelikle yüzünü seyretmek hoşuma gitmeye başlamıştı. Fotoğraf albümündeki öteki çocukların fotoğraflarını görmüştüm: Siyah ve beyaz tenli, kızılderili çocuklar. Özlem gözlerinden okunan çocuklar. Köpeğin yanında oturmuş çocuklar. Doğrudan kameraya bakan çocuklar. Daha sonraki sayfalarda ise, kameraya gülen, tombul ve mutlu bebek, yani ben.

Annem sözlerini sürdürürdü, "1947 yılının Kasım ayıydı ve hava çok soğuktu. Aslında o kış, son yüzyılın en soğuk kışıydı. İstasyona gittiğimizde, tren istasyondaydı ve büyük bir buhar bulutunun içindeydi adeta. Savaş nedeniyle yıllardır hiçbir yere gitmemiştik. Trene bindikten sonra heyecandan yerimizde duramıyorduk. Soğuk pek de umurumuzda değildi doğrusu, her şey o kadar güzel görünüyordu ki. Sanki bütün ülke donmuştu. Her yer bembeyazdı."

Annem hep burada sözlerine ara verir ve gülümserdi. Bense, karlar içinde bir peri ülkesini düşlerdim, kardan bembeyaz olmuş ağaçları, çatılardan sarkan buzları ve tren pencerelerindeki kar taneleriyle.

"Sonunda gideceğimiz yere vardık ve otobüse binip, çok büyük bir eve gittik. Yönetici kadın bizi bekliyordu ve ısınmamız için bize hemen birer fincan sıcacık çay ikram etti. Sonra da bizi gezdirmeye başladı. Her odada düzinelerle bebek vardı! Odalar dolusu! Kızlar, oğlanlar, sarı saçlı, siyah saçlı bebekler. Bazılarının gözleri mavi, bazılarınınsa seninkiler gibi kahverengiydi. Uzun uzun baktık. Bir sürü bebek vardı ve hepsi de çok güzeldi. Baban ve ben nasıl seçeceğimizi bilmiyorduk."

Eğer kucağında oturuyorsam, bana sarılır, sonra eğilip yüzüme bakar ve başımı öperdi. Sabırsızlanır, kıpırdanmaya başlardım.

"Birdenbire," diye sürdürürdü sözlerini, "başka bir odaya girdik ve ikinci beşikte seni gördük. Bize bakıyordun, sanki doğduğundan beri bizi bekler gibi. Ve o anda istediğimiz bebeğin sen olduğunu, bizim de seni beklediğimizi anladık. Esmer tenin ve gür siyah saçlarınla bize göre o evdeki en güzel bebek sendin. Adının Susan olduğunu ve dört aylık olduğunu söylediler.

"'Bu bebek mi?' dedi yönetici kadın, 'Evet, kesinlikle bu bebek' dedik ona. Seni sarıp sarmaladıktan sonra, istasyona geri döndük. Trende herkes, 'Ne kadar güzel bir bebek, sizin mi?' diye soruyordu. Biz de, 'Evet biz bu bebeği seçtik' diyorduk.

"'Bakışları çok güzel, en iyi seçimi yapmışsınız' dediklerinde, onlara, 'Evet, en iyi seçimi yaptık' diyorduk."

Anneme iyice yaslanır, ayak parmaklarımı kıpırdatır ve kendimi çok özel hissederdim. Bazen de, normal olarak bir anne babanın dünyaya getirip, aynı anne babanın büyüttüğü çocuklara acırdım. Yıllarca her trene bindiğimizde kompartmanlarda gördüğüm yalnız çiftlerin bir bebek almaya gittiklerini düşündüm hep.

Her dildeki en güzel sözcükler, "Biz seni seçtik" sözcükleri olsa gerek.

Sue West

6

ÖZEL ANLAR ÜZERİNE

Çocuklarınızla güzel anılarınız olsun,
Önemli olduklarını anlamaları için onlara
zaman ayırın;
Paylaştığınız o değerli anların yerini
Hiçbir zaman güzel oyuncaklar alamaz.

Elaine Hardt

Benimle Danset

Gençken, aşk ve mutluluk hakkında düşündüğümüzde, belki mehtaplı bir gecede Paris'i ya da gün batımında sahilde yapılan yürüyüşleri düşleriz.

Hiç kimse, yaşamın en önemli anlarının beklenmedik bir anda, bizi savunmasız yakalayacağını söylemez.

Kısa bir zaman önce, yedi yaşındaki kızım Annie'ye başucunda öykü okurken, onun bakışlarını üzerimde hissettim. Sanki çok uzaklardaymışım gibi, bana trans halinde bakıyordu. Belli ki, Alis Harikalar Diyarında pek de ilgisini çekmiyordu.

Ne düşündüğünü sordum.

"Anneciğim," diye fısıldadı, "güzel yüzüne bakmaya doyamıyorum."

O anda eridiğimi hissettim.

Onun bu sevgi dolu sözlerinin beni yıllarca etkileyeceğini bilmiyordu bile.

Bu olaydan kısa bir süre sonra, dört yaşındaki oğlumu büyük bir alışveriş merkezine götürdüm. Alışveriş merkezinin ortasında smokinler giyinmiş bir piyanist, büyük bir piyanonun başında çok güzel klasik aşk şarkıları çalıyordu. Sam'le piyanonun yanındaki bir banka oturduk ve dinlemeye koyulduk. Sam de en az benim kadar etkilenmişti güzel müzikten.

Sam'in ayağa kalktığını, önümde durup, minik elleriyle yüzümü tutup, "Benimle danset" diyene kadar farketmedim.

Paris'te mehtapta sevgilileriyle danseden kadınlar, keşke tombik yanaklı minik oğlumun bu davetinden aldığım zevkin ne denli büyük olduğunu anlayabilseler. Alışveriş yapanların oğlumla dansederken gülümseyen yüzlerle bizi birbirlerine göstermelerine karşın, bana dünyayı verseler bu genç ve yakışıklı erkeğin dans davetinden daha mutlu olamazdım.

Jean Harper

Çok Geçmeden

Kendisine tedavisi mümkün bir kanser tanısı konan genç bir anne hastaneden evine dönmüştür, ama fiziksel görünümü ve radyasyon tedavisi sonunda dökülen saçları yüzünden kaygılıdır. Mutfaktaki sandalyeye oturduktan sonra, oğlu mutfak kapısının eşiğinde görünür, merakla annesini seyretmektedir.

Gördükleri karşısında paniğe kapılmaması için önceden prova ettiği sözlerine başlar başlamaz, oğlu koşar ve kucağına oturur annesinin. Başını annesinin göğsüne yaslar ve öylece kalır. Annesi, "Çok geçmeden, eski halime döneceğim ve daha iyi olacağım." der.

Küçük çocuk düşünceli bir şekilde doğrulur. Altı yaşın açık yürekliliğiyle, annesini yanıtlar, "Saçların değişecek, ama yüreğin hep sıcacık kalacak, değil mi?"

Annesi iyileşmek için çok beklemez.

Rochelle M. Pennington

Aile Yemeği

Ergenlik dönemindeki ikizlerime baktığımda, ağlamak istedim. Oğlumun üzerinde üstüne bol gelen bir pantolon vardı, saçları portakal rengiydi ve küpeler takmıştı. Kızımın burnunda bir hızma, kolunda ise dövme vardı. Tırnakları en az beş cm uzunluğundaydı. Paskalyaydı ve akrabalarımızı ziyarete gidiyorduk... akşam yemeğine...

Ailem ne diyecekti? Amcalarının, halalarının fısıltılarını, bakışlarını, onaylamayan cık cıklarını ve kafa sallamalarını gözümde canlandırabiliyordum. Yola çıkmadan, hemen orada, kapının eşiğinde kavgaya başlayabilirdim. Onları korkutabilir, onlarla alay edebilirdim. Ama, o zaman ne olurdu? Bu özel günde kavga etmek ve kimsenin kalbini kırmak istemiyordum.

Dokuz yaşında olsalardı, işim çok daha kolay olurdu. "Çabuk odanıza gidin ve üzerinize adam gibi bir şeyler giyin!" diyebilirdim. Ama her ikisi de 16 yaşındaydı ve üzerlerindeki giysilerin uygun olduğuna inanıyorlardı.

Böylece yola koyuldum. Her türlü bakışa hazırdım, ama hiçbir şey umduğum gibi olmadı. Çocuklarım (gerçi biraz tuhaf görünüyorlardı ama) yirmi kişilik masada kendilerine bir yer bulup, oturdular. Küçük kuzenlerinin yanındalardı. İlâhiler söylenirken, onlar da katıldılar. Oğlum, küçük kuzenlerinin okumalarına yardım etti. Kızım yemek servisine yardım etti. Güldüler, eğlendiler ve büyüklere kahve servisi yaptılar.

Onların güzel yüzlerini seyrederken, kimsenin ne düşündüğünün umurumda olmadığını farkettim. Çünkü bence, her ikisi de mükemmeldi. Geleneklerimize isteyerek ve gönülden saygı gösteriyorlardı. Ve bütün bunları doğal bir biçimde, yürekten yapıyorlardı.

Masada karşılarında oturuyordum ve yemek boyunca onları izledim. Saçlarının, salaş giysilerinin ve dövmelerinin o anki kimliklerinin bir ifadesi olduğunu biliyordum. Bütün bunlar zamanla değişecekti ve her zaman geleneklerimize bağlı kalacaklar ve yakın aile ilişkilerimizi sürdüreceklerdi. Bu özelliklerininse, büyüdükçe değişmeyeceğini biliyordum.

Çok geçmeden Paskalya bitecekti. Çılgınca müzik, arkadaşları ve kargaşa yine yaşamımızın parçası olacaktı. Bu özel gecenin sona ermesini hiç istemiyordum. Bu özel anlar, biz anneleri etkileyen anlardan biriydi. Çocuklarınızın küçük ya da büyük olmalarının hiçbir önemi yoktur bu anlarda. Bu, bazen kısacık süren bir gülümseme ya da yüreğinizi yerinden oynatacak bir sevgiye neden olan bir bakıştır.

Oğlumu ve kızımı izlerken onların duydukları mutluluğu yüreğimde hissediyordum. O an yerimden kalkıp, onlara sarılmak istedim. Onlara çok özel çocuklar olduklarını fısıldamak istedim. Ama yapmadım. O anda kalkıp, dokuz yaşındalarken yaptığım gibi yanaklarını sıkmak ve ne kadar güzel olduklarını söylemek istedim. Ama yapmadım. Yerimde oturdum, ilâhiler söyledim, yemek yedim ve masadakilerle sohbet ettim.

Sonra, eve dönerken yolda söylerdim söyleyeceklerimi. Özel olarak, masadaki varlıklarının benim için ne kadar önemli olduğunu söylerdim. Onlara ne kadar mükemmel çocuklar olduklarını ve anneleri olmakla ne kadar gururlandığımı söylerdim. Sonra, yalnız kaldığımızda onlara onları ne kadar çok sevdiğimi söylerdim. Evimize dönerken bütün bunları, hepsini, tek tek söyledim onlara.

Shari Cohen

"Eğer annem babam bu giysiden hoşlanırlarsa, değiştirebilir miyim?"

Kızım, Öğretmenim

Çocuklar, dünyanızı yeniden keşfetmenizi olanaklı kılarlar.

Susan Sarandon

Çocuklar bizlere her gün yeni bir şey öğretirler. Bir anne olarak ben bunu öğrendim. Bazen kızımın bana öğrettiği şeyin önemi beni çok şaşırtıyor.

Kızım Marissa altı aylıkken, hep yukarı doğru bakardı. Ben de bakışlarımı onunkilerle birlikte yukarıya kaldırdığımda, ağaçlarda sihirli bir biçimde danseden yaprakları ya da bir jetin ardında bıraktığı izi görürdüm. Sekiz aylık olduğunda ise, sürekli yere bakıyordu. Ondan her bir taşın bir diğerinden farklı olduğunu, kaldırımdaki çatlakların değişik şekillere benzediğini ve çimlerin renginin hep farklı olduğunu öğrendim.

11 aylık olduğunda, her şeye "Aaa" demeye başladı. Gördüğü her yeni şeye ve kendisine ilginç gelen her şeye "Aaa" diyordu. Bu, doktorun masasının üzerindeki bir oyuncak ya da fırtına öncesindeki bulutların şekli olabilirdi. Yüzüne çarpan sabah meltemi ya da yaban kazlarının sesleri gibi kendisini çok etkileyen şeylere de "Aaa" diyordu. Sonra, gerçekten kendisini çok etkileyen, örneğin gün batımındaki kızıllık ya da yazları Minnesota'daki havai fişek gösterileri gibi olaylarda "Ooo" demeye başladı.

Bana "Seni seviyorum" demenin değişik şekillerini öğretti. Bunu ilk kez 14 aylıkken bir sabah söyledi. Koklaşıyorduk. Başını omuzuma gömdü ve huzur içinde iç çekerek "Mutlu" dedi. Bir başka gün (iki yaşlarındaydı) bir derginin kapağındaki çok güzel bir mankeni bana gösterip, "Anne, bu sen misin?" dedi. Artık üç yaşında ve geçen gün mutfaktayken yanıma geldi. Yemekten sonra mutfağı toparlıyordum ve bana "Sana yardım edebilir miyim?" dedi. Sonra da eliyle koluma dokundu ve "Anneciğim, sen çocuk olsaydın, seninle arkadaş olurduk, değil mi?" dedi.

Bu tür anlarda sadece "Aaa" diyebiliyorum.

Janet S. Meyer

Bir Çocuğun Gördükleri

Çocuğum minik eline
Bir pastel boya alıp,
Birileri kendisinden istemiş gibi
Bir resim çizmeye başladı.

Zevkle onu seyrettim,
Ama çizdiği basit çizgilerin
Ne olacağını
Bir türlü tahmin edemedim.

Ne çiziyorsun?
Diye sordum merakla.
Gökyüzündeki Tanrı'nın
Resmini yapıyorum dedi.

Ama, dedim iç geçirerek,
Kimse Tanrı'nın neye
benzediğini bilmiyor ki.
Sakince yanıtladı beni,
Ben çizince öğrenecekler neye benzediğini.

Sherwin Kaufman

Anneler Günü

Bay Kobb yarım düzine karanfili biraz yeşil yaprak ve o minik minik beyaz çiçeklerle süsledikten sonra, şeffaf kâğıda sardı. Hatta Anneler Günü için anneme armağan aldığım çiçekleri, kibarlık yapıp kurdeleyle bir de güzel süsledi.

Sonra bana dönüp, "Ernie, bunlar eve nasıl gidecek?" diye sordu.

"Ben götüreceğim" dedim.

"Bu havada bisikletle mi götüreceksin?"

Birlikte çiçekçi dükkânının vitrininden dışarıya baktık. Kaldırımdaki ağaçların dalları fırtınanın etkisiyle neredeyse yerlere değiyordu. Berbat bir fırtına vardı dışarıda. Evet anlamında başımı salladım.

"Buketini daha sağlam bir kâğıda sarayım istersen" dedi ve kalın bir kâğıdı birkaç kat yapıp, çiçeklerimi iyice korumaya aldı. Buketi bana uzatırken, "İyi şanslar çocuğum" dedi.

"Teşekkürler" dedim. Buketi paltomun içine soktum ve fermuarını çekebildiğim kadar çektim. Çiçekler boynumu ve çenemi gıdıklıyordu, ama elimde tutmam olanaksızdı. Hem çiçekleri, hem de gidonu tutamazdım aynı zamanda. Çiçekler hakkında pek fazla bir şey bilmiyordum ama, annemin bir tutam daldan daha fazlasını hakettiğine inanıyordum.

Rüzgâr öyle şiddetli esiyordu ki, beni kaldırıp, iki blok öteye bile atabilirdi. Hele rüzgara karşı bisiklet kullanmak iyice zordu. Ayaklarımla pedal çeviriyor, iki elimle sıkı sıkı gidona tutunuyor, rüzgâra karşı nefes almaya çalışıyorsam da, başımı her kaldırdığımda aynı dükkânın önünde olduğumu görüyordum. Ya da bana öyle geliyordu.

Burnum akmaya başladı. Burnumu silecek bir mendil bile yoktu yanımda. Çok geçmeden dudaklarımın çatlamaya başladığını hissettim. Kulaklarım çok ağrıyordu. Gözlerim o kadar kurumuştu ki, gözlerimi kırpamıyordum bile. Bedenimdeki her kas ağrıyordu.

Güneş battıktan sonra, otoyoldaki arabaların sayısı giderek artmaya başladı. Rüzgar beni bisiklet şeridinden alıp öyle bir savurdu ki, eziliyordum. Bir kamyon şoförü bana çarpmamak için direksiyon kırdı ve deli gibi kornaya bastı. Bir Cadillac'tan bir adam başını uzattı ve bana bu havada otoyolda ne aradığımı sordu bağırarak.

Evimize yaklaştığımda iyice kararmıştı ortalık. Annem babam benim için kaygılanmışlardı muhakkak. Babamın minibüsüne ya da annemin *station* arabasına bakınıyordum bir yandan. Çıkmış, beni arıyorlardır diye düşünüyordum. Her an yanımda durup, beni, bisikletimi ve çiçeklerimi arabaya atıp, sıcacık evimize götürürler diyordum kendi kendime. Onları göremedikçe, daha çok öfkeleniyordum.

Bu aptalca şeyi sadece annemi hoşnut etmek için yapıyordum. Oysa o benim hayatımı kurtarmaya bile gelmiyordu.

Eve dört blok kadar yaklaşınca, durdum ve paltomun içinden çiçekleri çıkarttım. Onları atmak istiyordum. Annem bu çiçekleri hiç de haketmiyordu.

Beyaz karanfilleri görünce durdum. Aldığım zamanki kadar diri durmuyorlardı, beyaz çiçeklerse tamamen ezilmişlerdi, ama yine de bukete bütün olarak bakıldığında hiç de fena görünmüyordu. Bu çiçekleri onca yoldan getirmek bayağı zor olmuştu, şimdi atmak aptallık olurdu.

Buketin kağıda sıkı sıkıya sarılı sapını ağzıma aldım ve çiçeklere daha çok zarar vermemek için mümkün olduğunca yavaş ilerlemeye başladım. Çok geçmeden de bizim evin yokuşuna geldim. Sürekli pedala basıyordum ama, ne fayda. Rüzgâr sırtımdan vuruyordu ve komşu evleri artık soğuktan yaşaran gözlerim yüzünden net olarak göremiyordum. Durmaya ve evin bahçesinden içeriye girmeye çalıştım.

Fakat bisikletim kaydı ve yere düştüm. Bisikletimden epeyce uzağa düşmüş ve başımı çim ekili toprağa çarpmıştım. Ağzımdaki çiçekler bahçeye yayılmıştı, karanfillerin yaprakları konfeti gibi dört bir yana saçılmıştı.

Çiziklerimi hiç umursamadan, annemin buketini toparlamaya çalıştım. Altı sapı biraraya getirdiğimde, elimdeki çiçeklerin pek de çiçeğe benzer bir yanlarının kalmadığını gördüm. Beceriksiz bir şekilde kurdelesini taktım.

Annem dışarıdaki sesin ne olduğunu anlamak için korkuyla dışarıya çıktı. Çiçekleri hemen arkama sakladım.

Annem yüzümdeki yaralara bakarak kaygıyla, "İyi misin?" dedi.

"İyiyim" dedim, zorlukla yutkunarak.

"Emin misin?" diye sordu bu kez. "Neden ellerini arkana saklıyorsun?"

"Ellerimin bir şeyi yok. Bak" dedim ve sözde çiçek buketini uzattım. Ağlamak üzereydim, "Sana başka bir şey alacağım" dedim.

Annem çiçekleri elimden aldı, ellerimi tuttu ve çiçekleri uzun uzun kokladı. Sonunda çiçekleri indirdiğinde annemin ağladığını gördüm.

"Çok sevdim bu çiçekleri. Teşekkür ederim" dedi.

O zaman bu çiçekleri anneme neden aldığımı anımsadım. O gün takvimdeki herhangi bir günden farklıydı. Bu çiçekleri ona beni her koşulda sevdiği ve sevgisini bana her an gösterdiği için almıştım. Çiçekler ölmüştü ama, annemin elinde hâlâ taptaze ve çok güzel görünüyorlardı.

Ernie Gilbert
Anlatan Donna Getzinger

Çok Dolu Bir Gün

Kızım Darla gökyüzünde süzülen bir kartalı işaret edip, "Anneciğim, bak!" diye çığlık attı.

"Hm, hm" dedim ilgisizce, o günkü yoğun programımı düşünürken.

Düşkırıklığı o anda yüzünden okundu.

"Ne oldu bir tanem?" diye sordum, ama yine de içten çıkmadı sesim.

Yedi yaşındaki kızım, "Hiç" dedi, "hiçbir şey olmadı." Onun o anki heyecanını paylaşamamıştım işte. Evimize yaklaşırken, biraz yavaşladım ve oradan her geçişimizde çalıların arasından fırlayan geyiği görmeye çalıştım. Görünürde yoktu.

"Sanırım, bu gece yapacak çok işi var" dedim.

Eve girdikten sonra, yatana kadar banyo ve telefon arasında mekik dokudum.

"Hadi Darla'cığım, yatıyorsun!" Yanımdan geçti ve merdivenleri çıkmaya başladı. Yorgun yorgun arkasından çıktım, yanağından öptüm ve yorganını iyice bastırdım.

"Anneciğim, sana bir şey verecektim, unuttum!" dedi. Artık sabrım taşmıştı.

"Sabah verirsin" dedim, ama o olmaz anlamında başını salladı.

"Sabah hiç vaktin olmaz!" dedi.

Kendimi savunur bir tonla, "Ben zaman bulurum" dedim. Bazen ne kadar çabalarsam çabalayayım, zaman bir türlü yetmiyor, sanki parmaklarımın arasından kum tanecikleri gibi akıp gidiyor. Ne kızıma, ne eşime, ne de kendime zaman ayırabiliyorum.

Fakat Darla'nın vazgeçmeye hiç niyeti yoktu. Öfkeyle çilli minik burnunu kırıştırdı ve kumral saçlarını arkaya savurdu.

"Hayır bulamazsın!" Aynı bugün sana kartalı gösterdiğim zamanki gibi olur. O zaman beni dinlemedin bile."

Onunla tartışamayacak kadar yorgundum, zaten gerçekleri söylüyordu.

"İyi uykular!" dedim ve kapısını kapatıp odasından çıktım.

Fakat o yattıktan sonra gri-mavi gözleri gözlerimin önüne geldi ve ona hiç zaman ayıramadığımı ve göz açıp kapayıncaya kadar genç bir kız olacağını düşündüm.

Eşim, "Neden bu kadar düşünceli görünüyorsun?" diye sordu.

Olanları anlattım ona.

Akıllı bir babanın ses tonuyla, "Belki hâlâ uyumamıştır. Neden gidip bir bakmıyorsun?" dedi. Onu dinledim, bu keşke benim fikrim olsaydı diyerek içimden.

Sessizce kapısını açtım, pencereden giren ışık odasını aydınlatıyordu. Uykuya dalmıştı ve elinde yırtılmış kâğıt parçaları vardı. Aramızdaki anlaşmazlığa neden olan kâğıdın ne olduğunu anlamak için, parmaklarını araladım ve kâğıt parçalarını tek tek avucundan aldım.

Gözlerim doldu. Kocaman kırmızı bir kalbin altına "Annemi Neden Seviyorum!" adlı bir şiir yazılmış olan kâğıdı minik parçalar halinde yırtmıştı.

Kâğıt parçalarını tek tek biraraya getirdim. Bulmacayı tamamladıktan sonra okudum şiiri:

Annemi Neden Seviyorum!

Hep meşgul olsan da, çok çalışsan da,
Her zaman benimle oyun oynamaya zaman ayırıyorsun.
Anneciğim seni çok seviyorum, çünkü
Senin dolu günlerinin en önemli kısmı benim!

Şiir adeta bir ok gibi yüreğime saplandı. Yedi yaşındaydı ama, Solomon kadar bilgeydi.

On dakika sonra odasına iki fincan sıcak çikolata ve iki kurabiyeyle gittim. Yumuşacık yanağına usulcacık dokundum, yüreğim sevgiyle dolu.

Koyu renk kirpikleri aralandı ve şaşkın bir ifadeyle elimdeki tepsiye baktı.

Beklenmedik gece yarısı ziyaretime bir anlam verememişti. "Bu ne için?" diye sordu.

"Bu senin için, çünkü sen dolu günlerimin en önemli kısmısın!" Gülümsedi ve uykulu uykulu sıcak çikolatasının yarısını içti. Sonra da sözlerimle ne kasdettiğimi anlamadan uykuya daldı.

Cindy Ladage

"Okul ve ev ödevleri arasında koşturmaktan bebeğimle nitelikli zaman geçirmeye vakit bulamıyorum."

Bir An

Will'e göre Levi's 501 kotu okula giyemeyecek kadar demodeydi. Kirli çamaşırların arasındaki taşlanmış kotunu giymek istiyordu. Temiz 501'ini giymesi için ısrar edince, benimle tartıştı, servise yetişebilmek için aceleyle evden çıktı. Her zamanki gibi bana sarılmaya bile vakti olmamıştı. Bu şekilde evden çıktığı zaman biraz sinirlenirim, ama yine de 10 yaşındaki kararlı oğlumla gurur duyarım.

Ben de geç kalıyordum. Saat 7:20 olmuştu bile ve sabah erken saatlerde büroda bir toplantım vardı. Hemen duşa girdim. Tam saçlarımı kurutuyordum ki, kapının çalındığını duydum. Çıkardığım sabahlığımı hemen üstüme aldım ve ıslak saçlarla kapıyı açtım. Bu saatte kim gelebilirdi ki?

Korkudan gözleri kocaman açılmış küçük bir kız çocuğu Will'e bir kamyon çarptığını söyledi. O anda bayılacak gibi oldum. Bir an ne yapacağımı bilemeden kaldım ve içimden bir ses otobüs durağına koşmamı söyledi. Onun caddede hareketsiz yattığını gördüğümde yarı yola gelmiştim. O anda neyle karşılaşacağımı bilemediğim için, adımlarım yavaşladı, ama Will'in sesini duydum ve yaşamımda hiç koşmadığım kadar hızlı koşmaya başladım. Trompet kutusu yanında, yüzükoyun yatıyordu. Üzerinde bir battaniye vardı, düşünceli bir komşunun işiydi bu da.

Eylül ayıydı ve serin bir sabahtı, ama yine de güneş parlıyordu. Sanırım güneş 16 yaşındaki kamyonet şoförünün gözünü almıştı. Her şey bir anda olup bitivermişti işte. Kamyonetin hızı saatte kırk kilometreydi. Kamyonet çarptığı anda Will havalanmış ve biraz uzağa, dizlerinin ve trompet kutusunun üzerine düşmüştü. Cumartesi günleri yaptığı futbol maçları sayesinde, nasıl yaralanmadan düşeceğini öğrenmişti ve trompet kutusu da başını yere çarpmasını önlemişti.

Will'in bilinci yerindeydi, benimle konuşuyor ve şakalaşıyordu. Çok korkuyordum, ama korkumu belli etmemem, olumlu davranmam ve güçlü olmam gerektiğini biliyordum. Onu göz açıp kapayıncaya kadar kaybedebileceğimi biliyordum. Oysa o yerde yatıyor ve benimle şakalaşıyordu.

Siren seslerini duydum. İlk gelen itfaiyenin acil yardım ekibi oldu, hemen arkasından bir ambulans geldi. Yapılan ilk muayenede başında, kollarında ve bacaklarında herhangi bir yara izine rastlanmadı. İtfaiye ekibinden biri 501 kotunun bacaklarını keserken, Will bana döndü ve "Anneciğim, sanırım kotumu bir daha hiç giyemeyeceğim" dedi. Güldüm, ambulansa binerken her şeyin yolunda olduğundan emindim.

Will de, ben de çok şanslıydık. Polis memurunun söylediğine göre, Will'in ciddi bir yara almaması ya da ölmemesi bir mucizeydi. Will o gün evde yattı, konuştuk ve bol bol ağladık. Her zaman daha dikkatli olmanın, sevdiğin birinin yanından öfkeli ayrılmamanın gerekliliğinden, yaşamın değerini bilmekten ve içinde bulunduğu anı yaşamanın öneminden konuştuk.

Will dinlenirken, ben de onun taşlanmış jeanini yıkadım ve 501'ine sarılıp, hıçkıra hıçkıra ağladım. Bir anda, hiç farketmeden insanın yaşamının nasıl değişebileceğini düşündüm. Bu olay, bundan tam yedi yıl önce oldu ve ne zaman beraberliğimizin çok değerli bir armağan olduğunu düşünsem, elime o paramparça 501'i alırım.

Daryl Ott Underhill

Annem Çaya Geldiğinde

Onun orada olacağı konusunda en ufak bir fikrim yoktu. Gelemediği için özür dileyecektim ve kullanacağım sözcükleri defalarca prova etmiştim.

Lisedeki ev ekonomisi öğretmenim, anneler ve kızları için bir çay partisi vereceğimizi ve bu partinin resmi bir parti olduğunu söylediğinde, annem çay servisini benim yapacağımı bilmiyordum.

Hiçbir zaman çok güzel bir şekilde süslenmiş spor salonuna girişimi unutamam - o oradaydı! Sakin bir şekilde ve gülümseyerek oturuyordu, bu benim için çok önemli kadının bir saatliğine benimle olabilmek için bunca düzenlemeyi yapacağını düşünememiştim.

Büyükanneme kim bakıyordu öyleyse? Geçirdiği beyin kanamasından sonra, yatağa mahkum olmuştu büyükannem. Her türlü bakımıyla annem ilgileniyordu.

Annem eve dönmeden benden küçük olan üç kız kardeşim okuldan eve dönmüş olacaklardı. Onları kim karşılayacak, ev ödevlerini kim kontrol edecekti?

Buraya nasıl gelmişti? Arabamız yoktu ve taksiyle gelecek parası da yoktu. Otobüs durağı çok uzaktı ve indikten sonra da okula kadar çok uzun bir mesafe vardı yürümesi gereken.

Üzerine giydiği minik beyaz çiçekli kırmızı elbise, tam çay partisine uygun bir elbiseydi. Koyu renk saçlarına gümüş rengi kırlar düşmeye başlamıştı. Yeni bir giysi alacak parası yoktu ve bu elbiseyi alabilmek için borç para aldığını biliyordum.

Çok gururlanmıştım! Ona çay servisi yaparken çok mutluydum ve sıra bize geldiğinde onu gruba gururla tanıştırdım. O gün hep annemin yanında oturdum, bütün arkadaşlarımın annelerinin yanında oturdukları gibi ve bu benim için çok önemliydi. Gözlerindeki sevgi dolu bakış, bana beni çok iyi anladığını söylüyordu.

Hiç unutamadım. Her genç annenin yaptığı gibi, benim de kendi kendime ve çocuklarıma verdiğim sözlerden biri, hep çocuklarımın yanında olacağımdır. Günümüz dünyasında böyle bir sözü tutmak çok güç, ama annem benim önümde öyle güzel bir örnek ki, herhangi bir bahane bulabilmem çok güç. Hep annemin çaya gelişini anımsarım.

Margie M. Coburn

Onu Orada Bulmak

Her yıl doğum günümde aynı şey olur. Annem beni görmeye gelir ve ben ona kapıyı açarım. Sonbaharın son günleri olduğu için, annem kapının eşiğinde dururken, eteklerinde rüzgârın savurduğu yapraklar uçuşur.

Hava serindir ve ellerinde hep benim doğum günü armağanım olur. Doğum günü armağanım her zaman küçük ama değerli ve uzun zamandır hiç eksikliğini farkedemediğim ama gereksinim duyduğum bir şey olur.

Annemin armağanını büyük bir dikkatle açar, sonra da en değerli eşyalarımın arasına koyarım. Aldığı armağanlar hep zarif şeylerdir.

Eğer annem bugün de bana gelebilirse, ona sıcacık mutfağımda kendi ellerimle hazırladığım çaydan ikram edeceğim. Çayımızı içerken, pencereden sonbahar rüzgârında uçuşan yaprakları seyredeceğiz.

Armağanımı yine hiç acele etmeden açacağım, çünkü biliyorum ki kapıyı açtığımda annem orada olacak ve eteklerinde sonbahar rüzgârının savurduğu yapraklar uçuşacak.

Christina Keenan

7

MUCİZELER ÜZERİNE

Mucizeler anlıktır; istendikleri anlarda değil, kendiliklerinden, genellikle de hiç tahmin etmediğiniz bir anda gerçekleşirler ve hiç bu tür bir beklentileri olmayan insanların başına gelirler...

Katherine A. Porter

Üniformalı Melek

Gerçek sevginin olduğu yerde, her zaman bir mucize olur.

Willa Cather

Büyükannem hakkındaki bu öyküyü bana babam anlattı.

1949 yılında babam savaştan henüz dönmüş. Amerika'nın her yerindeki otoyollarda üniformalı askerler memleketlerine dönebilmek için otostop yapıyorlarmış. O yıllarda bir gelenekmiş bu.

Babamın ailesine kavuşmaktan duyduğu mutluluk çok geçmeden gölgelenmiş. Büyükannem çok hastalanmış ve hastaneye kaldırılmış. Böbreklerinden rahatsızmış ve doktorlar babama, annesine hemen kan nakli yapılması gerektiğini, yoksa o gece öleceğini söylemişler. Büyükannemin kan grubu, bugün bile çok az bulunan AB negatifmiş. O günlerde kan bankaları olmadığı için, kan bulmak daha da zormuş. Ailedeki herkesin kan grubu incelenmiş, ama kimsenin kanı büyükanneme uymamış. Bu yüzden doktorlar umudu kesmişler, artık büyükannem yavaş yavaş ölüyormuş.

Babam ailedeki herkesi biraraya toplayabilmek ve hepsinin büyükannemle vedalaşmalarını sağlayabilmek için, gözyaşları içinde hastaneden ayrılmış. Babam otoyolda ilerlerken, yolda otostop yapan üniformalı bir asker görmüş. Büyük bir üzüntü içinde olan babamın, o an kimseye iyilik yapacak hali yokmuş. Ama sanki kendi dışında bir güç babamı durdurmuş ve asker böylelikle babamın arabasına binmiş.

Babam o kadar üzgünmüş ki, askerin adını bile sormamış, ama asker babamın ağladığını farketmiş ve nedenini sormuş. Babam gözyaşları içinde bu yabancıya olanları anlatmış.

Arabada bir anlık bir sessizlik olmuş. Sonra babamın adını bile bilmediği asker babama elini uzatmış. Askerin avucunda asker künyesi varmış ve künyenin üzerinde AB (-) yazılıymış. Asker babama hemen hastaneye dönmesini söylemiş.

Büyükannem 47 yıl daha, 1996 yılına kadar yaşadı ve bugün bile ailede hiç kimse o askerin adını bilmez. Fakat babam hâlâ kendi kendine onun bir asker mi, yoksa üniformalı bir melek mi olduğunu sorar durur.

Jeannie Ecke Sowell

İyileşme

Son otuz saat içinde yaşadığı olayların üzerinde yarattığı şok hâlâ Jim'i etkiliyordu. Tüm bedeni hâlâ hissizdi ve sanki dünyayla tüm bağları kopmuştu.

Jim ve eşi Connie dört aylık sevgili oğullarını kaybetmişlerdi. Konan tanı, ani bebek ölümü sendromuydu, yani SIDS.

Jim, otuz saat önce Joshua'yı almak üzere bakıcının evine gidiyordu. Her günkü yolculuklarından biriydi, haftanın beş günü yaptığı gibi... tabi bakıcının evine gidene kadar ve sonra Joshua'yı uykusundan uyandıramamışlardı. Sonraki birkaç saati pek anımsayamıyordu. Siren sesleri, uçarcasına hareket eden acil yardım ekibi, dikkatli doktorlar ve sakinleştirmeye çalışan sesleriyle hemşireler, elele tutuşmalar, dua etmeler. Joshua'nın 60 mil ötedeki çocuk hastanesine helikopterle yetiştirilmeye çalışılması, boşu boşuna. On iki saat süren büyük çabalardan sonra, doktorlar umudu tamamen kesmişlerdi. Beyinde hiçbir yaşam belirtisi yoktu. Kalp, akciğer makinasını durdurmaya karar verdiler. Küçük Joshua gitmişti. Evet, Joshua'nın kullanılabilir durumdaki organlarını bağışlayacaklardı. Sevgi dolu ve verici bir çift olan Jim ve Connie için bu kararı almak hiç de zor olmamıştı.

Sabah oldu. Başka kararlar almaları ve birtakım plânlar yapmaları gerekiyordu. Telefon konuşmaları ve cenaze töreni plânları. Bir ara Jim saçını kestirmesi gerektiğini düşündü, ama o bölgeye yeni taşındıkları için, henüz kendisine bir berber bulmamıştı. Jim'in erkek kardeşi kendi berberini çağırmayı önerdi ve hemen bir randevu almak istediler. Berberin hiç zamanı yoktu, ama birkaç açıklamadan sonra, berber, "Kendisini hemen buraya gönderin, bir çaresine bakarız" dedi.

Jim berber koltuğuna oturduğunda kendisini bitkin hissettiğini farketti. Hiç uyumamıştı. Yaşadığı son saatleri düşündü, mantıklı bir açıklama yapmaya çalışıyordu kendi kendine. Neden Joshua, ilk çocukları, onca yıl bekledikleri oğulları, bu denli çabuk kayıvermişti ellerinin arasından? Dönüp dönüp bu soruyu soruyordu kendine ve duyduğu acı kıskıvrak bağlamıştı elini kolunu. Hastanedeki rahibin sözleri aklına geldi. "Tanrı'nın yaptığı plânları anlamamız olanaksızdır. Belki de Joshua bu dünyadaki misyonunu tamamlamıştı." Bu sözler duyduğu acıyı hafifletmemişti.

Berber başsağlığı diledi ve Jim hiç farkında olmadan son otuz saattir yaşadıklarını anlatmaya başladı. Olanları anlatmak bir parça rahatlatmıştı kendisini. Belki daha çok anlatsa, mantıklı bir açıklama bulabilecekti.

Jim organ bağışından söz edince, saatine baktı ve o anda 60 mil ötede olanları anımsadı ... sevgili Joshua'yla birkaç saat önce vedalaşmıştı. "Şu anda kalp kapakçıklarından birini bir başkasına naklediyorlar."

Berber durdu ve bir an harekesiz kaldı. Sonunda konuşmaya başladı, ama sesi titriyordu. "Buna inanmayacaksınız belki ama, ama bir saat önce bu koltukta oturan bir müşterim acele etmemi, Çocuk Hastanesine yetişmesi gerektiğini söyledi, çok neşeliydi... dualarının boşa gitmediğini söylüyordu. Acele haber gelmiş, torununa bugün kalp kapakçığı nakli yapılacakmış.

Jim iyileşmeye başlamıştı bile.

Sandy Jones

Bir Düşün Gerçek Olması

Michael ya da Michelle.

Richard'la evlenmeden önce, ilk çocuğumuzun adının bunlardan biri olmasına karar vermiştik. Her şey plânlanmıştı.

İki yıl sonra, Richard üniversite diplomasını almak üzere sahnede ilerliyordu. Artık tam bir aile olma hayallerimiz gerçek olabilirdi.

Sonraki iki yıl boyunca hamile kalmam için dua ettik, duyduğumuz düş kırıklığı her ay giderek büyüyordu. Sonra 1985 yılının baharında hamile kaldığım düşüncesiyle doktordan randevu aldım.

Doktor gülümseyerek, "Evet" dedi, "hamilesiniz."

Dansetmek istiyordum. Doktorum, bebeğin tahmini doğum tarihinin Kasım ayının üçü dolaylarında olduğunu söyledi.

Sonraki altı hafta hazırlıklarla geçti. Gazeteye vereceğimiz doğum ilânının dışında her şey hazırdı. Richard bebek odasını hazırlamaya başlamıştı bile.

Kızımızın ya da oğlumuzun nasıl bir bebek olacağını gözümüzde canlandırmaya çalışıyorduk. Tüm düşüncelerim, karnımda büyümeye başlayan bebeğime odaklanmıştı.

Üçüncü muayenemde doktorum, "Henüz kalp atımlarını duyamıyorum, bu da beni kaygılandırıyor" dedi.

Doktorum yarım saat sonra bana yapılan kan testinin sonunda hamile olduğuma ilişkin herhangi bir işaret olmadığını söylediğinde çılgına döndüm.

"Yalancı hamilelik" dedi, "Bebek sahibi olmayı o kadar çok istedin ki, bedenin de inandı bu duruma."

Demek ki, Michelle ya da Michael diye bir bebek yoktu karnımda. Ardından ağlayacağımız bir bebeğimiz bile yoktu, ama biz olmayan bebeğimizin yasını tuttuk.

Böylelikle yaklaşık on yıl sürecek infertilite testlerine başladık. Bir yandan da arkadaşlarımızın ve kardeşlerimizin çocuklarını izliyorduk gıpta dolu bakışlarımızla.

Bir sürü hamilelik testi. Her gün edilen dualar. Olumsuz çıkan sonuçlar. Hiçbir şey değişmiyordu. Her seferinde düş kırıklığına uğruyorduk.

Sonunda kendimizi işimize verdik - Richard öğretmenliğe, bense yazarlığa. Ama bir çocuk sahibi olma isteğimiz hâlâ o kadar güçlüydü ki, 1992 yılında bir evlât edinme grubuna katıldık.

Odadaki kalabalığa baktım şöyle bir, hepsi de durumundan mutsuz çiftlerdi. Acaba düşümüz gerçek olabilir miydi?

Umut etmekten korkuyordum.

Richard kulağıma sessizce fısıldadı, "Şansımızı denemeliyiz."

Anababalık dersleri almaya başladık. 10 hafta boyunca her Pazartesi akşamı dinledik, anababa rolü oynadık, yeni bir aileye gereksinim duyan çocuklara anne baba olmanın zevkleri ve güçlükleri konusunda tartıştık.

Bütün bu çalışmaların ardından zevkli bir hazırlık dönemi başladı. Çocuğumuz acaba ne zaman gelecekti? Acaba kırık bir kalbi mi vardı? Bizim çocuğumuza ve onun bize bağlanması ne kadar zaman alacaktı? Çocuğumuz benim yıllar önce düşlediğim çocuğa benzeyecek miydi?

Richard ile birlikte yeni bir oda hazırladık. Acaba bir bebek odası mı, yoksa bir çocuk odası mı hazırlamalıydık? Yapmamız gereken bir sürü plan vardı ve önceden bu konuda bize yardımcı olacak pek fazla bir bilgi edinmemiz olanaksızdı. Biberonların yanına şişe şişe losyonlar ve pudralar, çekmecelere kitaplar yerleştirdim.

Sarı, beyaz hazırladığımız odada oturup, bu odada uyuyacak ve oyunlar oynayacak çocuğun düşünü kuruyordum. Oyuncaklar satın aldım. Hepsi de kendilerini tutacak minik elleri bekliyordu.

Sonra, 3 Kasım 1993 tarihinde telefonumuz çaldı ve bir anda tüm yaşamımız değişti.

Çalıştığımız gruptaki görevlinin sesiydi, "Kathy Noel için istediğin özel bir şey var mı?"

Onun gülümsediğini anladım. Telefonun alıcısına iyice yapıştım ve fısıldadım: "Evet."

"Öyleyse sana iyi haberlerim var."

Sonra bana sekiz aylık bebeği anlattı. Sekiz aylık bir kız! Acaba yine düş mü kuruyordum ve uyandığımda bunun gerçek olmadığını mı söyleyeceklerdi?

"Adı Theresa Michelle. Fakat şu an bebeğe bakan aile ona Michelle diyor" dedi.

Donup kalmıştım. Michelle. Bundan sekiz yıl önce kendi Michelle'imizin düşlerini kuruyorduk. O anda bir başka şey anımsadım. 3 Kasım'dı. Eğer o bebek varolsaydı, 1985 yılının Kasım ayının 3'ü dolaylarında dünyaya gelecekti ve şimdi sekiz yaşında olacaktı. Tanrı bize ne kadar güzel bir şey hazırlamıştı, dualarımızı nasıl da kabul etmişti!

Bu bebeği kollarıma almanın nasıl bir duygu olacağını düşünmeye çalıştım.

İki hafta içinde, üç günlük ziyaretimizi yaptık. Kızımın yüzünü gördüm. Bana gülümsedi ve kollarını uzattı. Onu kucağıma aldım ve sütle pudra kokusunun karışımı bebek kokusunu içime çektim.

Michelle'imiz sonunda geldi.

23 Kasım'da artık bizim evimizde ve yüreklerimizde yaşamak üzere yanımıza geldi. Ona olan sevgimiz her geçen gün daha da büyüyor. Şimdi neredeyse dört yaşında. Evlât ediliş öyküsünü, onu nasıl bekleyip, özlemini çektiğimizi dinlemekten çok hoşlanıyor.

Umutlar ve düşler ölmemeli. Biz düşlerimizin gerçek oluşuna tanık olduk ve bize de artık anne, baba diyen biri var.

Kathryn Lay

Bir Tanem, Otursan İyi Olur

Bana sorarsanız, yaşam beklenmedik şeylerle doludur. Örneğin, sıradan bir günde aldığınız bir telefon tüm yaşamınızı değiştirebilir.

Eşim Gary yaşama, benim baktığımdan daha farklı bir açıdan bakar. İri yarı, kibar ve sessiz bir adamdır ve eminim bana evlenme teklif ettiği zaman başına gelecekleri bilmiyordu. Öncelikle, hepsi de yetişmiş dört çocuk annesiydim; Gary ise müzmin bir bekârdı. Ben çok konuşkan bir insanımdır, Gary ise duygularını yazarak dile getirir. (Örneğin, bana çoktan seçmeli bir anket şeklinde hazırladığı ve bir kenarına da yüzük iliştirdiği bir mektupla evlenme teklif etti.) Ben rüzgâr ne yana eserse o yana giderim; Gary ise, düzenli bir yaşamdan hoşlanır.

Bunca farklı iki insan olmamız, birbirimizi tamamladığımızın göstergesi olabilirdi ve evlenmeye karar verdik. Yetişkin çocuklarıma çok iyi bir baba olmasına karşın, arada sırada benden kendisine ait bir çocuk isteyip istemeyeceğini merak ediyordum. Fakat bana evlenme teklif ettiğinde, artık çocuk yetiştirecek yaşı geçtiğimi biliyordu ve yine de bana evlenme teklif etmişti.

Evliliğimizin ilk günlerinden beri, Gary her akşam işten eve gelince bana "Günün nasıl geçti canım?" diye sorardı. Bu sorusunu zaman zaman değişik biçimlerde yanıtlamamdan hoşlanırdı. Evlendikten iki yıl sonra bir gün bu sorusunu şöyle yanıtladım: “Bir tanem, seni yanıtlamadan önce otursan iyi olur.”

En büyük kızım Mia’nın çalıştığı şirket onu Florida’daki evimizin çok yakınındaki bir yere transfer etmişti. Florida’ya geldikten sonra 10 yeni eleman almış ve 10 günlük bir eğitim programı için Tampa’daki merkezlerine götürmüştü. Beni evimizden kırk dakikalık bir mesafede bulunan kaldıkları motelden aradığında, iyi bir yönetici olarak çok sakin bir biçimde kullandığı sesinden eser yoktu.

“Anneciğim, olanlara inanmayacaksın! Böyle bir şeyi Oprah’nın televizyon programlarında görebilirsin ancak!”

“Ne oldu Mia?”

“İşe aldığım genç kadınlardan birinin dün gece çok şiddetli karnı ağrıdı ve sonunda ambulans çağırmak zorunda kaldık. Şimdi hastaneden telefon geldi ve bir bebeği olmuş! Kendisi de dahil olmak üzere, kimse hamile olduğunu bilmiyordu!”

Biraz şüpheci bir ses tonuyla, “Aaa, öyle mi?” dedim.

“İnan” dedi, “Mülâkatını ben yaptım ve dış görüntüsünden hamile olduğunu anlamak kesinlikle olanaksızdı. Zaten hamile olduğunu bilseydi, neden iş değiştirmeye kalksındı ki. Üstelik 10 günlük bir eğitim için onca yol geldi. Bu inanılmaz bir şey! Ben şimdi hastaneye gidiyorum.”

Hamilelikleri çok kolay anlaşılabilir bir biçimde yaşamış bir dört çocuk annesi olarak, başımı salladım, güldüm ve işimin başına döndüm.

Saat 4:00 dolaylarında Mia aradı. “Anneciğim, buna da inanmayacaksın ama, Teksas’da Judy’nin hamile olduğunu hiç kimse bilmediği için, yarın hiçbir şey olmamış gibi evine dönüyor!”

“Hiçbir şey olmamış gibi mi?” diye sordum, kafam karışmıştı. “Peki ya bebek?”

"Bebeği burada bırakacakmış. Sosyal hizmet kuruluşlarının bebeğine bir aile bulabileceklerini söylüyor."

Çok şaşırmıştım. "Ama bir bebeği böyle başından atamaz ki. Yıllarca o bakıcı aileden bu bakıcı ailenin yanına gezecek zavallı çocuk! Böyle bir şeye izin vermez, ben alırdım bu çocuğu daha önceden bilseydim!"

"Anneciğim" dedi Mia, "Ne yapardım dedin sen?"

"Yani, şey... sen bir anneyle konuş bakalım. Çocuğunun başına ne geldiğini bilmeden 18 yıl böyle bir şeye dayanmak yerine, çocuğunu bıraktığı evin telefonunu, adresini bilmek ister mi?" Bu sözler ağzımdan döküldü ama, hiç düşünmeden. Bunun üzerine, "Sanırım, Gary ile bir konuşmam gerek. Hele akşam olsun, Gary bir eve gelsin."

İşte her zamanki gibi Gary'nin eve gelip, bana her zamanki sorusunu sorduğu ve benim de "Bir tanem, seni yanıtlamadan otursan iyi olur." dediğim gün o gündü.

Ona olanları anlattım ve Gary'nin verdiği yanıta inanamadım bir türlü, "Evet, haklısın. Kimbilir zavallı çocuğa ne olur. En iyisi biz bir süre yanımıza alalım."

Sözleri kulağa ne kadar garip gelse de, haklı olduğundan emindim. "Sevgilim" dedim, "bu insanın yaşamında karşısına bir kez çıkacak bir fırsat. Eğer Mia'yı buraya transfer etmeselerdi, Mia da bu garip kadını işe almasaydı ya da 10 günlüğüne eğitim için buralara getirmeseydi... İşte bize altın bir tepsi içinde sunulmuş bir bebek. Eğer kendine ait bir çocuk istiyorsan, işte oldu bu isteğin!"

Bir an kafası karıştı ve bana, "Tüm yaşamını değiştirecek böyle büyük bir kararı bir dakikada alamazsın!" dedi.

Her sabah onun benden daha erken uyandığını ve önemli kararlarını yazarak aldığını bildiğim için, "Bu gece yat ve güzelce uyu. Sabah bana kararını bildiren bir not yazar, bırakırsın" dedim.

Ertesi sabah Gary erkenden gitmişti, her zamanki gibi ve ortada hiçbir not yoktu. Düş kırıklığına uğramıştım, çünkü bir gece önceki kararımın doğru olduğuna inanıyordu!

Saat tam 9:00'da telefon çaldı. "Merhaba. Ben Sue. Hastanenin sosyal hizmet uzmanıyım. Bebeğin annesiyle konuştum ve bebeği alabileceğinizi söyledi. Buraya gelip bebeği alabilir misiniz?"

Şimdi ne yapacaktım? Ben tüm dünyamızı altüst edebilecek bir şey yapmaya hazırdım ve Gary ise, düzenli yaşamımızı sürdürmekten yanaydı.

Tam söyleyecek bir şeyler bulmaya çalışıyordum ki, merdivenlerde bir ayak sesi işittim. Gary idi, işe gitmemişti.

Yatağın kenarına ilişti ve "Kiminle konuşuyorsun?" diye fısıldadı.

Hemen bir kağıt buldum ve üzerine, "Bebeği almaya gidip gidemeyeceğimizi soruyorlar." yazdım.

Kâğıdı kalemi elimden aldı ve o da, "Hastalanırsa ne yaparız? Yasal işlemler gerekmiyor mu? Bize neye malolacak? Anne fikrini değiştirirse ne olacak?" yazdı.

Uzattığı kâğıdı okuduktan sonra, onun sorularının yazılı olduğu kısmı yırttım ve kâğıdı tekrar Gary'ye uzattım. "Bebeği almaya gidip gidemeyeceğimizi soruyorlar."

Sue, "Kendinize bir avukat tutmak istiyor musunuz?" diye sordu.

"Hayır" dedim. "Bize kaça malolacak?"

"Bir avukatla görüşüp, size yanıt vereyim" dedi ve telefonu kapattık.

Beş dakika sonra telefon yine çaldı. "Bir avukatla görüştüm ve avukat tüm maliyetin 2.000 dolar olacağını söyledi. Hazırda bu kadar paranız var mı?" Aman Tanrım diye düşündüm, bütün kredi borçlarımı daha yeni ödemiştim. "Tamam, kredi çekip bebeği evlât edinebiliriz!"

Gary kafası hâlâ karışık bir halde işe gitti. Ben de hemen dışarı çıkıp bebeğe bez ve bir-iki eksik aldım ve günün geri kalan kısmını mümkün olduğunca sakin geçirmeye çalıştım. Avukatlar yasal işlemlere başlamışlardı, ama her şey hâlâ gerçek gibi gelmiyordu bana. Olanlar bana gerçek gibi gelmiyorsa, Gary'nin böyle bir şeye hazır olup olmadığından nasıl emin olabilirdim.

O gece Gary birtakım yasal kâğıtların imzalanması için benimle birlikte geldi. Yüzündeki ifade oldukça sakindi (yoksa canı mı sıkkındı?) İşlemler bittikten sonra, düşündüm: Ya şimdi, ya hiç!

"Sevgilim" dedim, "Hadi gidip bebeği görelim."

"Şimdi gidemeyiz" dedi, "ziyaret saati 10 dakika sonra sona eriyor. Üstelik hastane buradan 20 dakikalık mesafede."

"Hadi, ne olur," dedim ve onu arabaya doğru çekiştirdim.

Hastaneye gittiğimizde, koridorlarda yürürken arkamızdan gelen fısıltıları duyuyorduk. Hemşire odasına gittiğimizde hemşireler, "Bu hepimiz için olağandışı bir durumdu. Acil yardım ekibindekiler kızın hamile olduğundan şüphelenselerdi, onu buraya değil, bir sokak aşağıdaki doğumevine götürürlerdi. Burada doğumhanemiz bile yok!" dediler. Herkes kıkırdıyor, fısıldaşıyordu.

Bize yolu tarif ettiler ve Gary ile koridorlarda yürümeye başladık. Gary iri yarı, sessiz kocam titreyen eliyle bir odanın kapısını açtı.

Oda çok büyük ve boştu. Odanın tam ortasında minicik bir beşik vardı.

Birlikte beşiğe yaklaştık ve içindeki minicik bebeği gördük. Gary elini uzatıp, bebeğe dokundu. Gary elini uzatır uzatmaz, minicik şey onun parmağını yakaladı. Gary'nin alçak sesle ona fısıldadığını duydum, "Merhaba bir tanem, ben senin babanım."

Sanki baba kız uzun zamandır birbirlerini bekliyorlardı.

Korkarım uzunca bir süre bana, "Merhaba tatlım, günün nasıl geçti?" sorusunu soramayacak.

Sheryl Nicholson

Anne Oğulun Kavuşması

Geçtiğimiz Nisan ayına kadar Kellie Forbes ve Shauna Bradley birbirlerini ne görmüş, ne de birbirleriyle konuşmuşlardı. Eşleri farklı şirketlerde çalışıyordu, çocukları farklı okullara gidiyordu. Bugün Kellie ve Shauna birlikte geçirecekleri ilk Noel'in hazırlıklarını yaparken, pişmanlık duydukları tek şey daha önce birbirlerini tanımamış olmalarıydı. Utah'lı bu iki kadının 14 yıldan daha uzun bir süredir aralarında bir kan bağı vardı, fakat bu gerçeği hiç beklenmedik bir anda ve beklenmedik koşullar altında öğrenmişlerdi. Buna ister şans deyin, ister kader, isterse mucize.

Kellie, 1992 yılında ailesinde üç ölüm yaşadı ve çok zor günler geçiriyordu. Daha sonra yeni bir eve taşındılar ve çok geçmeden hem eşi, hem de kendisi işlerini kaybetti. Giderek artan sorunları Kellie'yi depresyona itiyordu.

Çalıştığı şirket işten çıkarılanlara psikolojik danışmanlık hizmetleri veriyordu ve böylelikle psikoterapist Shauna Bradley ile tanıştı. Shauna, hastasının bir zamanlar evlât edindiği oğlu Jake'e inanılmaz bir biçimde benzediğini farketmişti. Kellie'nin gamzeleri, çilleri, koyu renk saçları ve kahverengi gözleri oğlununkilerin aynıydı. Fakat bu benzerliği çok geçmeden unuttu gitti.

İkinci seanslarında Shauna Kellie'ye gelecekle ilgili plânlarının ne olduğunu sordu. Kellie, "Çocuğumu evlâtlık verme deneyimim hakkında bir kitap yazmak istiyorum" diye yanıtladı onu. Daha küçük bir genç kızken dünyaya getirdiği oğlunu hiç tanımadığı bir çifte evlâtlık olarak vermişti. Sonra da mutlu bir evliliği ve üç çocuğu daha olmuştu, ama yakınlarda 14 yaşına girecek olan ilk oğlunu hiçbir zaman unutamamıştı. Yaşadığı bu deneyim hakkında yazacağı bu kitabın benzer durumdaki diğer kadınlara yararı olacağını umuyordu.

Kellie'nin bu tutumu Shauna'yı çok etkiledi. O da oğlunun özannesini tanımak isterdi aslında, elbette o da Kellie gibi bir insansa. Kellie'ye bu konunun kendisini de çok etkilediğini, çünkü kendisinin de bir zamanlar bir çocuk evlât edindiğini söyledi.

Kendisini bu kadar anlayışla dinleyen birini bulunca Kellie de gözyaşları içinde bir pişmanlığını dile getirdi. Oğlunu evlâtlık olarak vermeden önce, onu kollarına alıp öpmesine izin vermemişlerdi. Neden sorusu sorulunca, bulundukları yerden 200 mil ötedeki memleketinden "Kanab çok küçük bir yerdir. O yüzden!" diye söz etti.

Bir anda şaşkına dönen Shauna'nın elindeki defter düştü. Oğlu da bundan tam 14 yıl önce Kanab'da dünyaya gelmişti. "Kanab mı dediniz?" diye sordu haykırarak. Kellie biraz tedirgin, "Evet" diye yanıtladı onu.

Shauna, sanki midesine bir yumruk yemiş gibi, birdenbire soluk alamadığını farketti. Bir eliyle ağzını kapatıyor, bir yandan da, "Aman Tanrım, aman Tanrım!" diyordu.

Kellie güçlükle duyulan bir sesle, "Yoksa, siz mi?" diye sordu.

Shauna başını salladı, "Sanırım, evet" dedi.

Sırayla birbirlerine öykülerini anlattılar. Kellie genç bir kızken okuduğu lisedeki bir delikanlıyla ilişkiye girdiğini anlattı. Shauna'ya, "Böyle bir ilişkiye girmiştim, çünkü birilerinin beni kabul etmesini istiyordum" diye anlattı.

Kellie henüz 18 yaşındayken, istenmedik bir hamilelik yaşamıştı. Hamile kaldığını öğrenir öğrenmez, erkek arkadaşından ayrılmış ve bebeği evlâtlık olarak vermeye karar vermişti. Bebeğin ilerideki anne babası seçildiğinde, kendisine onların sadece yaşları, dinsel inanışları ve eğitim durumları hakkında bilgi verilmişti.

Jim ve Shauna Bradley dört yıldır evliydiler ve çocukları olmadığı için evlât edinmeye karar vermişlerdi. Başvurularını yaptıktan bir yıl sonra Kanab'da dünyaya gelen bir bebeği evlât edinebileceklerini öğrenmişlerdi. Bebek kendilerine doğumundan üç gün sonra verilmişti. Jim ve Shauna, çocukları olanları anlayabilecek yaşa gelir gelmez, kendisini evlât edindiklerini söylemişler ve annesinin kendisini çok sevdiği için onlara verdiğini anlatmışlardı. Her doğum gününde Shauna ona, "Biliyor musun bugün seni en çok kim düşünüyor?" diye sorardı.

Kellie Shauna'nın odasında nasıl davranması gerektiğini bilemiyordu. Bir yıl önce yaşadıklarından sonra, eğer bu kadın gerçekten oğlunun annesi değilse, olanlara nasıl dayanırdı.

Kellie, "Doğum günü ..." diye başladı sözlerine.

"29 Haziran 1980" diye tamamladı onun sözlerini.

"Avukatın adı ..."

"Mike McGuire" dedi Shauna. "Kızlık soyadınız Robinson değil miydi?"

Kalbi deli gibi çarpan Kellie evet anlamında başını salladı. Olanaksız olan olmuştu işte.

"Böyle bir karşılaşmaya inanmak olanaksız" dedi Shauna. İki kadın randevu saati bittikten sonra da konuşmayı sürdürdüler. Shauna, Kellie'ye Jake 18 yaşına gelene kadar beklemek istediğini söyledi, o zaman yetişkin bir insan olacaktı ve böyle hassas bir durumda daha mantıklı davranabilirdi. Oğlunun mutlu bir aile ortamında büyüdüğünü öğrenen Kellie, bu kararı hiç düşünmeden onayladı.

O gece Jim Bradley eşinin mutlu olduğunu gözlerinden anladı. Çocukları yattıktan sonra, Shauna'nın neden bu denli mutlu olduğunu öğrendi ve en az onun kadar heyecanlandı.

Sonraki günlerde Kellie ve eşi, bir psikolojik danışmanın tavsiyesi üzerine, çocuklarına olan biteni anlatmaya karar verdiler. Çocuklar zaten üvey bir kardeşleri olduğunu ve onun yıllar önce evlâtlık verildiğini biliyorlardı. Heyecanla Jake'le ne zaman biraraya geleceklerini sordular.

Bu sırada Bradleyler düşündüler taşındılar ve oğullarının gerçeği öğrenebilecek kadar büyüdüğüne karar verdiler. Beklerlerse ve bu arada oğulları gerçeği tesadüfen öğrenirse, kendilerine olan güvenini yitirebilirdi. Ama hemen söylerlerse, hem gerçek annesinin kim olduğunu öğrenecek, hem de kendisini evlât edinen anne babasına olan güvenini yitirmeyecekti.

Bradleylerin gerçeği oğullarına hemen söylemek istediklerini öğrenince, bu kez Kellie kaygılanmaya başladı. "Eğer benim ona söyleyeceğimden korkuyorsanız, lütfen hemen söylemeyin" dedi. Korkuyordu. Ya Jake'in beklentisi farklı olursa diye düşünüyordu.

Bir sabah Shauna ve Jim, Jake'i birlikte uyandırdılar. Shauna oğluna, "Jake, çok garip bir şey oldu. Bir hastamla konuşurken, onun senin özannen olduğu çıktı ortaya" dedi.

Jake gülümsedi. "Nasıl biri? Onu ne zaman görebilirim?" diye sordu. Shauna hemen Kellie'nin bir fotoğrafını çıkardı. Jake, fotoğrafı annesinin elinden kaptığı gibi, büyükannesine göstermeye koştu.

Shauna telefonla arayıp da, "Söyledik. Birlikte bir akşam yemeği yiyelim mi?" diye sorduğunda, Kellie hiç düşünmeden kabul etti ve kendi kendine, "Aman Tanrım, daha fazla yaşamasam da bir önemi yok" diye düşündü.

Restorana ilk giden Kellie oldu, duygularını kontrol etmeye çalışıyordu. İkinci olarak Jim geldi, doğrudan işten çıkmış geliyordu. Sonra, Jake ile birlikte Shauna geldi. Jake arabadan atlayıp, elindeki menekşeleri Kellie'ye verdiğinde, Shauna daha arabayı park etmemişti bile.

Kellie sesi titreyerek, "Sana sarılmak istiyorum. Bunun için o kadar uzun zaman bekledim ki" dedi. Birbirlerine sarıldıklarında Jake ağlıyordu. Sonra Shauna'ya döndü ve Shauna onu sakinleştirmeye çalıştı. "Duygulanman çok doğal, bir tanem. Bu çok önemli bir gün!" dedi.

Restoranda Jake Kellie'ye bütün hobilerinden, hoşlandığı ve yaptığı etkinliklerden söz etti. Özannesinin de müzikten hoşlanmasından çok mutlu oldu. Elinden onarım işlerinin iyi gelmesi, bir tamirci olan Kellie'nin babasından gelen bir özelliğiydi.

Kellie yıllardır oğluna söylemek istediği şeyleri söylerken, her ikisi de ağladılar. "Senin için yapmak istediğim ve yapamadığım o kadar çok şey var ki. Senin bir yuvan, annen ve baban olmasını istemiştim, seni evlât olarak bir başkasına vermenin en iyi şey olduğunu bilmeme karşın, bunu yapmak bana çok zor gelmişti."

İlk karşılaşmalarından sonra, Shauna ve Kellie bütün çocukları biraraya getirdiler. Kellie, "Sanki çocuklarımız hep beraberlermiş gibiler" diyordu.

Artık Kellie ve Shauna sık sık konuşuyorlar ve onları biraraya getiren o garip olaya hâlâ şaşıyorlar. Shauna, "Jake için çok seviniyorum" diyor, "Yaşam bilmecesi bir anda çözüldü." Kellie ise onun sözlerini tamamlıyor, "Jake'in böyle bir ailesi olması beni çok mutlu ediyor. Böyle bir ailesi olabileceğini düşünemezdim."

Carolyn Campbell

Kırk Yıl Sonra

Ben hemşireyim. 13 Haziran 1992 tarihinde işten eve geldikten sonra, gidip çocukları okullarından alıp eve geldim ve günlük postaya göz atmaya başladım. Nüfus cüzdanı örneğimin Nebraska'dan gelmiş olduğunu görünce sevindim. Pasaport alabilmek için ilk adımı atabilmiştim işte. Pasaportumu aldıktan sonra eşim Mike ile birlikte dört gözle beklediğim, mezun olduğum lisenin 25. yıl kutlaması amacıyla düzenlediği yolculuğa çıkacaktık.

Zarfı açtım ve o anda sanki yer ayağımın altından kaydı.

Nüfus cüzdanı örneğimin tepesinde, "Evlâtlık olarak verilmiştir" yazılıydı.

Büyük bir yanlışlık olmalıydı, çünkü 42 yaşında bir insan postayı açıp da evlâtlık olduğunu öğrenemezdi!

Hem annem Beatrice, hem babam Albert Whitney artık yaşamıyordu. Bu yüzden hemen amcamı aradım. Sorum onu çok tedirgin etti. Biraz kem küm ettikten sonra, gerçeği söyledi. Evet, iki yaşımdayken beni evlât edinmişlerdi, ama hiç kimsenin bu gerçeği bana söylememesini istemişlerdi. Sonra ablam Joan'u aradım. O da amcamın sözlerini doğruladı.

Şaşkına dönmüştüm. Tüm yaşamım yalanmış gibiydi. Kim olduğumu bildiğimi sanırdım, oysa hiçbir şey bilmiyormuşum. Belki sizlere çok mantıksız gelebilir ama, Whitney ailesinin ihanetine uğramış gibi hissediyordum kendimi. Üstelik özannem beni terketmişti.

Mike ve çocuklarım, içinde bulunduğum durumun güç olduğunu kabul ediyorlardı. Sonunda Mike, "Bir tanem, neden özanneni, babanı aramıyoruz?" dedi.

Hemen itiraz ettim. "Her masal mutlu sonla bitmez. Annem beni en başında kabul etmemiş, şimdi niye böyle bir şeyi yapmak istesin ki?"

"Bak, bundan sonra ne olursa olsun, şu ankinden daha mutsuz olamazsın. Eğer onları bulursan, hiçbir şey öğrenmesen hem sana, hem çocuklarımıza yararı olabilecek tıbbi bilgiler edinmiş olursun."

Biraz düşündükten sonra, haklı olduğuna karar verdim. Ama işe nereden başlayacaktım?

California'nın Riverside şehrinde büyümeme karşın, Nebraska'nın Omaha şehrinde doğduğumu biliyordum. Sonra benden 10 yaş büyük olan Joan çok önemli bir bilgiyi anımsadı: Özannemin, babamın ilk adlarını. Hemen sosyal hizmet uzmanlarıyla ilişkiye geçtim ve uzun bir araştırma sürecine başladım. Bir arkadaşım, Omaha'daki yerel bir gazeteye ilân vermemi önerdi. Bu öneriye önce kulak asmadım. İnsanlar bir araba ya da ev almayacaklarsa, ilân sayfalarına neden baksınlardı ki?

Fakat, böyle bir girişimin kime zararı olabilirdi? Bu ilânı, hem özannemi babamı, hem de beni evlât edinen annemi babamı tanıyan biri görebilirdi. Sonunda denemeye karar verdim. İlân şöyleydi: *Adım Linda. 8.7.1950 tarihinde Jeannie ve Warren'ın kızı olarak dünyaya geldikten sonra, evlâtlık olarak verilmişim. Beni evlât edinen annem ve babam öldüler. Kendilerine hiçbir sorun çıkarmak istemiyorum, ama özannemi ve babamı görmek istiyorum.* Bana yardımcı olmaya çalışan Omaha'daki Sosyal Hizmetler Kurumunun telefon numarası da yazılıydı. Bu girişimden pek umutlu değildim. İlânın parasını ödedim ve kendi araştırmalarıma devam ettim.

İlân ilk olarak 1 Kasım Pazar günü çıktı. Pazartesi günü telefonum çaldı. Arayan sosyal hizmetlilerdi. "Linda" dedi, "Sanırım çok mutlu bir Noel geçireceksin."

Jeanenne Curtis adında bir kadın ilânı görmüş, tekrar tekrar okuduktan sonra kurumu aramış. Hakkımda hiç kimsenin bilmediği kadar çok şey biliyormuş. "Numarayı istiyor musun?" diye sordu.

O gün öğleden sonra telefon çaldığında, telefonu açamayacak kadar heyecanlıydım. Mike elimi tuttu. Hattın karşı ucundaki kadın, "Linda'yla mı görüşüyorum?" dedi.

"Evet" dedim, "Annem misiniz?"

Ve o anda iki yabancı hıçkıra hıçkıra ağlamaya başladık.

Biraz kendime gelince, "İlânı verdiğim gün gazateyi okumuş olmanıza inanamıyorum!" dedim.

Yumuşacık bir sesle, "Bir tanem, yıllardır her gün bu ilânı vereceğin günü bekliyordum." diye yanıtladı.

O anda beni bundan daha çok şaşırtacak bir şey olamayacağını düşündüm, ama anlattığı öyküyü dinledikten sonra soluğum kesildi.

17 yaşındayken evlenmiş ve aynı yıl beni dünyaya getirmiş. 18 yaşına geldiğinde, evliliklerinin yürüyemeyeceğini anlayıp boşanmışlar. Omaha'da bir iş ve bana bakacak çok iyi bir aile bulmuş, Whitneyleri. Tek sorun Whitneylerin çok uzakta yaşamalarıymış. Arabayla tam bir buçuk saat tutuyormuş yol. Kendisi için çok zor olmasına karşın, haftanın beş günü beni Whitneylere bırakıyor ve haftasonlarında alıyormuş.

Bir yıl boyunca bu böyle sürmüş. Whitneyler bana çok iyi bakıyorlarmış ve 12 yaşındaki kızları Joan da beni çok seviyormuş. Fakat, annem bir gün Beatrice'den bir telefon almış. Beatrice anneme, yaptıklarını sosyal hizmet kurumunun öğrendiğini ve bazı yasal belgeler imzalamadıkça beni hem Whitneylerin, hem de annemin elinden alacaklarını söylemiş. Annem hemen bir avukata gitmiş ve olanları anlatmış. Annem belgelerdeki yasal terimleri anlamıyormuş, ama sürekli olarak avukata beni kaybetmek istemediğini anlatıyormuş.

Anlaşılıyor ki, konu büyük bir soruna dönüşmüş. Bir sonraki haftasonu ikinci doğum günümmüş ve annem elinde armağanlarla beni Whitneylerden almaya gelmiş. Fakat, oraya gittiğinde Whitneylerin evinin bomboş olduğunu görmüş.

Beni bulabilmek için her şeyi yapmış. Whitneylerin avukatı annemle görüşmeyi reddetmiş. Patronu, Bay Whitney'in durup dururken işinden istifa edip ayrıldığını söylemiş. Annem bir anda imzaladığı belgelerin beni evlâtlık olarak verdiğini kabul ettiğine ilişkin belgeler olmasından şüphelenmiş ve sosyal hizmetler kurumunu aramış. Onlar da bu tür belgelerin gizli olduğunu ve hiçbir açıklama yapamayacaklarını söylemişler.

Zavallı annem bir avukat ya da dedektif tutacak parası olmadığı için, bir başına ne yapabilirse onu yapmaya çalışmış. Yıllar boyunca A.B.D.'deki telefon rehberlerini karıştırmış, her gün gazetelerdeki ilânları okumuş. 40 yıl boyunca da hiç umudunu yitirmemiş.

Önce Whitneylere çok öfkelendim. Beni bu kadar çok seven insanlar, beni annemden çalmışlardı. Annemin yıllardır çektiği acıyı düşündüm. Benim son birkaç aydır çektiğim acıyla karşılaştırdığımda, benimki bir hiçti. Fakat bu kadar karışık duygunun içinde çok önemli bir gerçek vardı: Annem beni seviyor ve istiyordu!

Aramızda aniden kurulan güzel bağı sözcüklere dökmem olanaksız. Telefonlarımız susmuyordu. Annem evlenmiş ve iki çocuğu olmuştu. Oğlunu kaybetmişti ve Debbie adında bir kızı vardı. Eşiyle Vietnam'dan bir de çocuk evlât edinmişlerdi. Annem 53 yaşında üniversite diploması almıştı. Ben de ona yaşamımla ilgili her ayrıntıyı anlattım.

Sonunda annemle birbirimize kavuştuk. Biraz kader, biraz da Faith Daniels adlı televizyon programının sayesinde. Omaha yerel gazetesi uçak paramızı verdi ve tüm çekimler dakika dakika gazetelerde çıktı. Televizyondaki *show* da mükemmeldi. Birbirimize sarıldığımızda ikimiz de hıçkırmaktan konuşamıyorduk.

O yıl Şükran Günü'nde yeni ailem Utah'a yanımıza geldi. Ben de iki hafta sonra Noel için annemin yanına Omaha'ya gittim.

Annemi tesadüfen bulduğuma hâlâ inanamıyorum. Zamanlama dahil olmak üzere her şey hâlâ inanılmaz geliyor bana. Birbirimizi tanıyacak ve birbirimize doyacak zamanımız oldu, tam bir buçuk yıl. Sonra annem aniden hastalandı ve böbrek yetmezliğinden öldü.

Fakat o bir buçuk yıl yaşamımda aldığım en güzel armağandı. Çok büyük bir acı yaşamama karşın, yaşadıklarımdan ötürü çok mutluyum.

Benim için gazete ilânları artık sadece ev ya da araba almak için bakılması gereken bir yer değil.

Bazen, evet bazen kendinize ait bir parçanızı da bulabiliyorsunuz gazete ilânlarında!

Linda O'Camb

8

ÖLÜM ÜZERİNE

Bir insanın hamuru bir kez yoğrulur.
Neler yaşanırsa yaşansın,
kişi sonunda özüne döner.

Henry Wadsworth Longfellow

Anneye Yakın Olmak

1990 yılında St. Louis Cardinals takımıyla profesyonel beyzbol kariyerim son buldu. Artık New York'a yakın bir takımda oynayabilmek için dua ediyordum. Annem Grace'e meme kanseri tanısı konmuştu ve artık Long Island'da yaşıyordu. Doğal olarak ben de anneme daha çok zaman ayırmak istiyordum. 1991 sezonu için Philadelphia Phillies takımıyla sözleşme imzalayınca, dualarım gerçek oldu. Philadelphia annemden sadece üç saatlik bir mesafedeydi.

1991 beyzbol sezonuna girdikten sonra, annemin durumu birden kötüleşmeye başladı. Kanser yayılıyordu ve daha çok dayanması olanaksız görünüyordu. Annemin düğün törenimizde bulunabilmesi için, düğün tarihimizi dört ay öne alıp evlendik.

Benim performansımda da büyük bir düşüş olmuştu. Bunun üzerine maçlardaki oynama süremi düşürdüler. Maçlarda doğru dürüst bir başarı gösteremez olmuştum. Altı hafta boyunca 18 maçta hiçbir doğru dürüst atış yapamamıştım. Artık hem kendime acıyordum, hem de kendimi çok yalnız hissediyordum.

Sonunda 1 Eylül'de Atlanta Braves takımına karşı yaptığımız maçta şansım döndü. Güzel bir Pazar günü öğleden sonra, maça adeta bir kartal gibi girdim ve o anda 4-4 berabere olan maçta ligin en hızlı vuruşçularından Mark Wohlers'a karşı sayı yaptım. Artık takımıma maçı kazandırmaktan başka bir şey düşünemez olmuştum.

Büyük bir galibiyetle sonuçlanan maçtan iki hafta sonra, annemi ziyarete gittim. Ona maçın video çekimlerini göstermek istiyordum. Fakat odasına girdiğimde, sevgili annemin durumunun çok ağırlaştığını gördüm. Bu ziyaretimin son ziyaretim olacağını anlamıştım.

Video çekimini ben de annem gibi ilk kez izliyordum ve bu yüzden maç spikerinin yaptığı yorum hakkında en ufak bir fikrim yoktu. Ben o büyük atışı yaptıktan sonra spiker Harry Kalas, bu vuruşumun son altı haftadır yaptığım ilk iyi vuruş olduğunu söyledi. Annemle elele tutuştuk ve Kalas'ın yorumunu dinlemeye davam ettik. "John Morris bu sezonun ikinci yarısında büyük çaba harcadı ve böyle bir vuruşu çoktan haketmişti." İkimizin de gözleri dolmuştu. O sırada vuruş tekrar ağır çekimde gösterilirken, Kalas şunları söylüyordu: "John'un annesi bir süredir rahatsız. Belki de bu atışı annesi için yapıyordur."

Artık kendimizi daha fazla tutamadık. Annem sıkı sıkı boynuma sarıldı ve kulağıma fısıldadı, "Seni çok seviyorum oğlum ve seninle gurur duyuyorum. Seni çok özleyeceğim."

Sezonun sona ermesine tam bir hafta kala, annemin bu haftayı çıkaramayacağını bildiren bir telefon aldım. O Pazar öğleden sonra sezon sona erdi ve Pazartesi günü anneciğimi başucundayken kaybettim. Sanki sezonun tamamlanmasını beklemişti.

John Morris

Anımsamak İşe Yarayacaktır

Birimiz önceden gidip
diğerimiz geriye kaldığında,
anımsamak işe yarayacaktır
çünkü anılar ayakta kalmamızı sağlar her zaman.
Birlikte geçirdiğimiz günleri anımsa.
İkimiz birlikte her güçlüğe karşı omuz omuza.

Bu şarkının sözleri, kırık bir plâk gibi hiç durmaksızın geçiyordu aklımdan. Oturduğum sandalyeden kalktım ve pencereye doğru yürüdüm. Tan yeri ağarmak üzereydi, sokak lambaları birer birer sönüyordu. Yeni bir gün başlamak üzereydi. Yaşam devam ediyordu, ama burada, bu odada, yaşam son bulmak üzereydi.

Serum şişesinden çıkan tıp tıplar dışında sessizlik hakimdi odaya. Yatağa doğru yürüdüm ve ufacık kalmış, narin bedenin üzerindeki battaniyeyi düzelttim. Bir zamanlar şık bir biçimde taranan, gümüş rengi saçları okşadım. Yaşamın parmaklarımın arasından kayışını görüyordum, ama yapabileceğim hiçbir şey kalmamıştı artık.

Birinin odaya girdiğini işittim. Nöbet değişiyordu ve gündüz hemşiresi gelmişti. Güneş doğdu ve ilk ışıkları pencereye vurmaya başladı. Bir geceyi daha atlatmıştık. Fakat bu yeni gün neler getirecekti acaba?

Yaşamımda beni herkesden çok etkileyen insana baktım. Ona söylemek istediğim o kadar çok şey vardı ki. Hep söylemek istediğim, ama her zaman zaten bildiğine inandığım şeyler. O bilirdi, ama şu an emin olmak istiyordum bildiğinden.

Kafam çok karışıktı. Bir zamanlar bakılan benken, şimdi ona bakan ben olmuştum. Her şey o kadar çabuk oldu ki, farkına bile varamadım. Bu kadın tek başına üç çocuk büyüttü, çünkü çok genç yaşta dul kalmıştı. Bu kadın aklıma koyduğum her şeyi yapabileceğimi öğretti bana. Benimle güldü, benimle ağladı. Bir kaya gibi sağlamdı. Her zaman yanımda olduğunu hissettirdi bana. Şimdi onun yanında olma sırası bendeydi.

Kolundaki bantlara bakınca gözlerim doldu. O anda gözlerini açtı ve bana gülümsedi. Evet, gözleri. Bu bakışları çocuklarımın gözlerinde yüzlerce kez gördüm, "Korkuyorum, lütfen kimsenin canımı yakmasına izin verme" diyen bakışı. Boğazım kurudu. Artık pes etmek üzere olduğumu hissettim ama, güçlü olmalıydım.

Gözlerini yumdu ve uykuya daldı yine. Sandalyeye oturdum. Kendime gelmeliydim biraz. O anda o kadar kendime odaklanmıştım ki, soluk alış verişlerinin değiştiğini farketmedim. Soluğu giderek hafifliyordu. Hemen bir hemşire bulmak üzere odadan çıktım, zaten bildiğim şeyi onaylayacaktı hemşire de, başka ne yapabilirdi ki?

Yatağının yanına gittim ve bir zamanlar bana ait olan eli tuttum. Soluğu iyice hafiflemişti. Onu sıkı sıkı tuttum. Öyle kolay kolay bırakamazdım.

Annem yavaşça gözlerini açtı. Gülümseyerek bana baktı ve fısıldadı, "Seni seviyorum" ve son nefesini verdi.

Bir süre orada öylece durdum, hareket edemedim. Kendimi çok yalnız hissediyordum. Gözlerimden yaşlar iniyordu, beni tutmasını, her şeyi her zaman yaptığı gibi düzeltmesini istiyordum. "Sadece uyuyor" dedim kendi kendime, ama öyle olmadığını biliyordum. Çektiği acıları her zaman saklamayı bilen o güzel yüz şimdi huzur içindeydi.

Bitmişti. Artık yapabileceğim hiçbir şey yoktu. Odadan çıktım, salona doğru yürüdüm, yaşam devam ediyordu. O şarkının sözleri geldi yine aklıma.

... ve o zaman anımsamak işe yarayacaktır,
çünkü anılar ayakta kalmamızı sağlar her zaman.
Birlikte geçirdiğimiz günleri anımsa.
İkimiz birlikte, her güçlüğe karşı omuz omuza.

"Seni seviyorum, anneciğim."

Bunu bildiğinden eminim.

Victoria A. Lapikas

Kutlama

Annemi bir çocuğun gözleriyle görmeyi bıraktıktan sonra, kendim olmama yardımcı olan kadını gördüm.

Nancy Friday

Bundan beş yıl önce, annem kendisini çok iyi hissediyor ve çok iyi görünüyorken, doğum günü partisinde ve benim evimdeki oturma odasında yaşama gözlerini yumdu.

Ölümü beni o kadar derinden etkiledi ki, bir yıl boyunca yaşamın anlamsızlığını ve içimdeki kocaman boşluğu düşündüm durdum.

O, benim için yaşamdan da önemliydi, elbette herkes için aynı şey geçerlidir. Ama o, arabasının camından başını uzatır, sigara içen gençlere sigaranın zararlarını anlatırdı. Eğer bizi televizyonda American Bandstand adlı programı izlerken yakalarsa, kaşlarını çatar ve ekrandaki genç dansçıları kastederek, "Bu çocuklar burada dansetmek yerine, neden çıkıp sokakta oynamıyorlar ki?!" derdi.

Çok çabuk parlayan ve çok komik bir kadındı. Cesur ve dürüsttü. Ama en önemlisi çok şefkatli bir insandı. 30 yıl boyunca Grace teyzemle yazları bir kızlar kampı işlettiler ve o gençlerin kendilerine güven duygusu kazanmalarını ve mutluluklarını büyük bir keyifle izlediler. Annem geç evlenmiş ve evliliği çok kısa sürmüş. Fakat iki kızını zevkle ve yaşadıklarından ötürü hiçbir pişmanlık duymadan büyüttü. Onun yanında kendimizi hep güvende hissederdik, bizi sevdiğini çok iyi bilirdik. Bir seferinde bize, "Elde etmek için dua ettiğiniz şeyi çok dikkatle seçin" demişti. "Ben bütün yaşamım boyunca çocuk sahibi olmak için dua etmiştim." Sonra duraklayıp, bir açıklama yapma gereği duymuştu. "Bir erkek için asla dua etmedim." Sonra da gözleri parlamıştı.

Annem 80 yaşına basmadan bir ay önce, kızkardeşim Nan ile birlikte eşlerimizle konuşmuş ve annem için büyük bir doğum günü hazırlamaya karar vermiştik. Birimiz, "Doğum gününü Ekim ayında kutlamak yerine", demişti, "Aralık'da kutlayalım, böylelikle bütün aile New England'da biraraya gelmiş olur. 20'si iyi mi?"

Önümüzde yaklaşık iki ay vardı ve ben davetiyeleri postalamaya başladım. Davetiyenin ön yüzünde annemin bir bebeklik fotoğrafı yer alıyordu. Altına ise, "Yaşamının ilk yıllarında bu kadar iyi, tatlı, uslu ve güzel bir bebek nasıl olup da..." diyordu. Kartın içinde ise, annemin yakınlarda çekilmiş gülümseyen bir fotoğrafı yer alıyor ve altında "bu kadar olgunlaşabiliyor?" yazıyordu. En altta ise, "Annemizin 80'inci doğum gününe bekliyoruz" notu yer alıyordu.

Esas doğum günü olan 26 Ekim günü kızkardeşim anneme bir büyükanne yüzüğü gönderdi. Yüzüğündeki taşların her biri bir torununun uğurlu taşıydı. Annem bayıldı yüzüğe. Bense, artık gözleri pek iyi görmediği için, rakamları iri bir kol saati ve Çin malı şık bir ceket armağan ettim. Ceketi, "Bunun Aralık ayındaki doğum günü partimde giyerim" diyerek dolaba kaldırdı.

Ekim ve Kasım ayları geçti. Aralığın 20'si yaklaşmaya başladı. Nan ve ailesi Florida'dan geldiler. Parti benim evimde olacaktı ve o büyük günün sabahı herkes erkenden kalktı. Bir yandan evdeki gümüşleri parlatır, kadehleri ve içecekleri hazırlarken bir yandan da şakalaşıyor, gülüşüyorduk. Gece kar yağmıştı ve her şey bir masal gibiydi.

Saat ikiden önceydi, kızkardeşim annemi aramış ve benim onu almak üzere yola çıktığımı haber vermiş. Ona telefonda "Kendimi gelin gibi hissediyorum" demiş. Gerçekten de o Çin malı ceketle bir gelin gibiydi kapıyı açtığında ve pırıl pırıl gülümsüyordu.

Evime dönüp de salondan içeriye girdiğimizde herkes bizi ayakta karşıladı ve alkışladı. "Aman, Tanrım" dedi, başını eğerek biraz gurur, biraz da alçak gönüllülükle.

Artık pastayı kesmenin ve annemizi kutlamaya başlamanın zamanı gelmişti. Yemek odasında toplandık. Kadehlerimizi anneme kaldırdıktan sonra, annemin çekmecelerinden birinde birlikte bulduğumuz iki belgeyi okudum. 30 yıl önce ölen babası tarafından, yani o odadaki herkesin büyükbabası tarafından yazılmıştı.

Bu belgelerden biri deri bir keseye konmuş küçük zarflardı ve kesenin üzerinde annemin zarif elleriyle yazdığı bir not vardı: "Caroline'in Zamanla Hesaplaşması." Her zarfın içinde bir zamanlar beş dolarlık banknotlar varmış ve her biri, annemin yaşamındaki önemli bir günün göstergesi imiş (emeklemeye başlaması, yürümeye başlaması, ilk kez kendi başına kaşıkla yemek yemeğe başlaması, okula başlaması vs.).

Diğeri ise, babasının 20'nci Doğum gününden bir gece önce anneme yazdığı bir mektuptu. "20 yaşında olmak çok güzel bir şey olmalı" diye yazmıştı. "O yaşta benim yüreğim cesaret ve umutla doluydu ve ne mutlu ki bu iki duyguyu ömür boyu yitirmedim... Çok sağlıklıydım ve kendime kimseleri uygun görmezdim. Fakat hiçbir zaman günün birinde senin gibi bir kızım olabileceğini düşünmemiştim..."

Ben o mektubu okurken, annemin gözünden yaşlar iniyordu. Hepimiz kadehlerimizi kaldırdık. Annem kardeşine döndü ve "Grace. Hissettin mi? Sanki o da buradaydı, yanımızdaydı." dedi.

Belki de gerçekten oradaydı. Çünkü 20 dakika sonra, ona kavuşabilmek için bizlerden ayrıldı. Benim oturma odamdaki en sevdiği koltukta oturuyor ve bir taraftan yanındakilerle sohbet ediyor, bir taraftan da kucağındaki tabaktan bir şeyler atıştırıyordu. Sonra, gözlerini yumdu ve aramızdan ayrıldı. Bu kadar kolay, bu kadar zarif bir biçimde.

Bir sonraki yıl çok tedirgin bir insan oldum ve değişik bir korku edindim; sanki bütün sevdiklerim gözlerimin önünde ölecekmiş gibi bir duyguydu bu. Randevularımı unutmaya başladım, arabamı çarptım, dikkatsiz bir insan oldum çıktım. Yağmurlu bir Nisan günü, bir hata yapıp, çocuklarımı ilk kez annemi ziyarete kabristana götürdüm.

Yağmurun altında mezarının başında oturduk ve gözyaşı döktük. Sonra da biraz açılalım diye çocukları yakındaki bir alışveriş merkezine götürdüm. Merkezin içinde bir dilek havuzu vardı ve havuza para attık hepimiz. Üçüncü sınıftaki kızım, "Anneanneme bulunduğu yerde mutluluk diledim" dedi. Altıncı sınıftaki kızım ise, "Ben anneannemin orada mutlu olduğunu bildiğim için, kendimize mutluluk diledim" dedi. Üç yaşındaki oğlum ise, yüzünde mutsuz bir ifade ile, "Ben paramı sadece karanlık bir yere attım" dedi.

Fakat zaman en iyi ilaçtır derler. Bizler de zamanla kendimizi toparladık. Yavaş yavaş annemin ölmeden birkaç ay önce bana söylediği şeyleri anımsamaya başlamıştım. Bu da anımsadıklarımdan biri: Doğum günü partisinden birkaç hafta önce bir gece, telefonda sohbet ediyorduk, her zaman yapardık bunu. Sonra annemin sesinin tonu değişti. "Terry, o kadar zarif ve şefkat dolu bir insansın ki, çevrendeki herkesin yaşamına ışık saçıyorsun. İki kızımın da işte böyle bir özelliği var, yaşam dolusunuz..." O anda annemi susturdum.

"Anneciğim" dedim, "tanımladığın bizler değiliz, sensin." Fakat aslında annem öyle bir insan değildi.

Belki elinden geldiğince öyle bir insan olmaya çalışıyordu ve belki de o sonbahar elindeki değerlerin önemini farketmişti. Yoksa, bundan daha mistik birşeyler mi vardı? "İşte bu özellikleri size armağan olarak veriyorum" mu demek istiyordu? Bilmiyorum. Korkarım, hiçbir zaman da bilemeyeceğim. Fakat hâlâ annemin ölümüyle içimde duyduğum boşluğu hissetmeme karşın, ilk başlarda duyduğum çaresizlikten kurtuldum. Artık onun doğum günü partisindeki "Zamanla Hesaplaşma" kapanışını acımasız bir parodi olarak değil, koskoca bir yaşamın kutlaması olduğunu kabul ediyorum

O günden beri de, onun iri rakamlı saatini kolumdan çıkartmıyorum. Sürekli olarak annemle ilgili öyküler anlatıyorum. Çevremdeki herkes son zamanlarda bana, "Biliyor musun, annen gibi konuşuyorsun" diyor.

Hep kendi kendimize sorarız, "En sevdiklerimiz öldükten sonra nereye giderler?" Elbette bu sorunun yanıtını bilmiyoruz. Fakat bana annelik eden bir insanın çok uzaklara gitmediğinden eminim. Buralarda, yakınımda. Çocuklarımdan birinin gözündeki bir pırıltıda. Hatta aynamda.

Terry Marotta

John

"Bir oğlun oldu" dediklerinde
Aylardan Nisan'dı ve onu ilk kez gördüm.
Bu sözleri işitmek için çok beklemiştim
Böylece o benim neşe kaynağım oldu.
Her doğum günü geldiğinde
Onun büyüdüğünü gördüm
Ve göz açıp kapayıncaya kadar
Okula başlayıverdi.

Bir de baktım ki,
Ergenlik dönemine girmiş,
Komik şapkalarını
Ve en sevdiği kotunu üzerinden çıkarmaz olmuş.

Sonra tüm yaşamını futbol ve atletizm doldurdu
Lise yılları gülüp oynayarak geçerken
Herkesden sakladığı kutusu
Kazandığı madalyalarla doldu.

Bir kızla çıktıktan sonra
Her eve döndüğünde
Odamın kapısının önünde fısıltıyla
"Anneciğim, uyuyor musun?" derdi.

Yatmadan önce
Biraz sohbet ederdik
Sonra da dua ederdim kendi kendime,
"Tanrım, oğlumu koru."

Onu geçen Nisan ayında gördüm
Bana, "Anneciğim, sakın üzülme
Vietnam'a gidiyorum
Çok geçmeden kazanırız bu savaşı" diyordu.

Fakat o bir daha geriye dönmedi
Kalbim paramparça
Onun bir daha "Anneciğim, uyuyor musun?"
Dediğini asla duyamayacağım.

Yine de yaşadığım sevgi dolu günler
Ve hoş anılar için Tanrı'ya şükrediyorum.
Ve oğlumun o herkesden sakladığı kutuya
Oğlumun tüm anılarını kilitliyorum.

Muriel Cochrane

Kaptan Candy'ye ve Göklerde Uçan Kadınlara

Yaşamımın en acı anlarından biriydi. Balboa adasında "The Sandpiper" adında küçük bir yayınevindeydim ve kollarımda bebeğim vardı. İki kadının aralarındaki konuşmalarını duydum. Bir müşteriye ait bir makalenin fotokopisini alıyorlardı ve bir yandan da "Şu resme bak. Ne kadar güzel bir kız!" diyorlardı. Merakımı yenemedim ve baktıkları resmi görebilmek için, o tarafa doğru yürüdüm.

Müşterinin adı Marilyn'di ve getirdiği makale II. Dünya Savaşı sırasında görev yapan Amerika'nın ilk kadın pilotlarından biri hakkındaydı. Bir film yıldızı kadar güzel bir kızdı.

Marilyn'e "Çok şaşırdım," dedim, "babam hep havayollarında çalıştı, ama bana savaşta hiç kadın pilotların da uçtuklarından söz etmemişti. Bu pilot hâlâ hayatta mı acaba?"

"Hayır. B-25'i 1944 yılında düşmüş ve ölmüş, daha 19 yaşındayken." Marilyn bunları anlatırken gözlerinden yaşlar iniyordu.

Duygularını anlayabiliyordum. Ailemde hiç kimse uçak kazasında ölmedi, ama uçak kazalarında ölenlerin aileleriyle konuşmak babamın işiydi. Yaşamım boyunca, ne zaman bir uçak kazası olsa, televizyona yapışır, uçakta bir tanıdığımızın olmaması için dua ederdik.

Marilyn makalesi hakkındaki sözlerini sürdürdü. "Bu şiir de, 1944 yılında bu kadının cenazesinde okudukları şiir. Adı 'Göklere Uçuş'; bu şiir daha sonra kadın pilotların aralarındaki en büyük bağ olmuş. Bu şiiri kadın pilotların anısına düzenledikleri törenlerde okurlarmış."

Hepimiz Marilyn'in sözlerini sürdürmesi için sustuk. Kızı Kaptan Candalyn Kubeck'miş - ona Kaptan Candy diyordu. Kaptan Candy Florida'da düşen ValuJet'in pilotuymuş. Uçmaya 16 yaşındayken başlamış ve Marilyn ne kadar uğraştıysa da Candy hiçbir zaman uçmaktan vazgeçmemiş. Uçmayı, göklerde süzülmeyi ve uçmanın verdiği özgürlük duygusunu çok seviyormuş. Bir ara Marilyn kızına karşı çıkmaktan vazgeçtiği gibi, onu bu konuda desteklemiş bile.

Gözyaşları arasında yüzüne bakarken, bir yandan da ValuJet kazasını düşünüyordum ve zavallı kadının neler çektiğini çok iyi anlıyordum. O kazada pilot ve yolcuların tümü ölmüştü. Kaza hakkındaki haberler haftalar sürmüştü. Bir ara kızını suçlamışlardı, ama sonradan yapılan araştırmalar Kaptanın ve mürettebatın hatalı olmadığını ortaya koymuştu. Sonra tekrar Marilyn'e döndüm. Çocuğunu kaybetmiş ve tek başına kalmıştı. Çocuğunun göklerde uçma hevesini engellemeyen bir anneydi. Ona ne söyleyebilirdim ki?

Bir yandan bebeğimi tutarken, bir yandan da Marilyn'in titreyen ellerindeki şiiri okudum:

Göklere Uçuş

O ölmedi, sadece daha yükseklerde uçuyor,
Daha önce hiç uçmadığı yüksekliklerde,
Ve bu dünyadaki hiçbir sınırlama
Artık ona engel değil.

Ne irtifa kaybı var onun için,
Ne de yakıt sorunu.

Ne metal eskimesi,
Ne motorun yenilenmesi.

Tanrı'ya şükürler olsun ki,
Artık sadece gözlerinin eriştiği,
Kuyruklu yıldızların gezdiği
Göklerde gezebiliyor.

O, cesaret gibi, sevgi ve umut gibi
Evrensel olduğu için,
Hep özgür
Ve çok geniş, tanrısal gökler onun artık.

Bir pilotun kaderinin
Hep korktuğu şey olmadığını anlayın.
Onun en büyük korkusu ardında bıraktığı mutsuzluk,
Parça parça olan kalpler ve gözyaşlarıdır.

Evet tüm sevilenler, gözlerinizi kurulayın,
Evet, yas tutmanız yanlış,
Çünkü cesur olmanız onu daha çok mutlu edecektir,
Ve inanmanızı isteyecektir,
Ölmediğine.
Bilmelisiniz,
Onun en yükseklere uçan tek kişi olmadığını,
Daha önce hiç uçmadığı kadar yükseklere.

Hoşçakal Kaptan Candy, hoşçakalın göklere aşık ve bu aşkın peşinden yitip giden kadınlar. Ve kızlarının uçmasına izin veren annelere teşekkürler. Onlar yıldızlara ulaştılar artık.

Diana L. Chapman

9

BÜYÜKANNELERİN SEVGİSİ ÜZERİNE

Eğer bebeğiniz, "Güzel ve kusursuzsa, hiç ağlayıp sorun çıkarmıyorsa, zamanında uyuyup siz istediğinizde gaz çıkarıyorsa ve hep bir melek gibi iyi huyluysa" ...büyükanne olmuşsunuz demektir.

Teresa Bloomingdale

"Büyükanne, biliyor musun eve dönerken yanımda anı olarak ne götürmek istiyorum? Seni!"

Ben Bu İş İçin Yaratılmışım

Torun sahibi olmanın bu kadar güzel bir şey olduğunu bilseydim, çocuk sahibi olmadan önce torun sahibi olurdum.

Anonim

Yeni bir büyükanne olarak, "Anneciğim, bebek birkaç gün sende kalabilir mi?" sorusunu işiteceğim günü dört gözle bekliyordum. Yanıtım ne mi olacaktı? "Ben hazırım! Ne zaman getiriyorsunuz?"

Briç ve tenis randevularımın hepsini iptal etmiştim. Bebeğin beşiğini konuk odasına yerleştirmiş, küçük prensesin geleceği günü tüm arkadaşlarıma haber vermek üzere hazır bekliyordum. O taptaze, güzel melek iki buçuk gün benim olmalıydı. Düşünsenize!

Sorumluluklara gelince! İçgüdülerim bana çocuğumun çocuğuna bakmanın tümüyle farklı bir bez kovası olacağını söylüyordu. (Bez kovası: Biz tarih öncesi anneler kirli bezleri yıkamadan önce, kirini akıttıktan sonra bir kovada ıslatırdık. Evet biz bez yıkardık.) Dr. Spock'un çocuk bakımı kitabının son baskısını satın aldım. Açıkçası bebeğe bakma işinde başarısız olursam, bir daha bakmama izin vermeyeceklerinden korkuyordum.

Yeni anne baba, iki haftalık giysi, Mississippi Nehri'ne basılacak kadar çok sayıda kağıt bez, bir hayvanat bahçesine yetecek kadar hayvan oyuncaklar, puset, araba koltuğu ve iki günlük yolculuk programları, bebeğin doktorunun telefon numarası (doktor 60 mil ötede yaşıyordu), Dr. Benjamin Spock'un kitabı (kitabın içinde bir sürü yerin altı çizili olarak) ve altı sayfalık bir talimat listesiyle birlikte geldi.

Talimat listesinde sabah 6:30'dan, akşam 7:30'a kadar bebeğin hangi saatte uyuyup, hangi saatte besleneceği yazılıydı. Bebek de bu listeyi okumuş olmalı ki, listeye çok güzel uydu, her ne kadar listesinin altında "bu saatler yaklaşık saatlerdir" yazıyorduysa da. Sevgili bebek dünyaya geleli henüz dört ay olmuştu, ama programın dışına asla çıkmıyordu. Oğlumun ayrılırken söyledikleri tipik, yeni baba olmuş birinin sözleriydi.

"Anneciğim, arada bir bırak, ağlasın." (Nasıl bir sadist büyütmüşüm ben öyle?)

"Gözlerini her açtığında kucağına almana gerek yok." (Bu çocuğu istediğim zaman kucağıma alabilmek için tam dört ay bekledim ben!)

"Biliyorsun, disiplin konusu. Ne kadar erken başlarsak o kadar iyidir, değil mi?" (Bu çocuğu 15 yaşındayken lisenin basketbol turnuvasına gitmek istediğinde gitmemesi için onu ikna edebilmek amacıyla tam 45 tane mantıklı neden bulmak zorunda kalmıştım.)

İlk gün saat 5:30'da kalktım. Saat 6:45'e kadar yanında oturup, nefes alışını izledim. Büyükbabası işe gitti ve onun nefes alışını izlemek için yanımda oturması teklifimi reddetti. Neden bilmiyorum ama, bunun gereksiz olduğunu söyledi.

Sevgili torunumla birlikte harika bir gün geçirdik. Ona en güzel giysisini giydirdim, oturma odasında dansettik, pusetiyle dışarıda gezindik. Yanımıza gelen herkese çok güzel tepkiler verdi ve öğleden sonrayı uyuyarak geçirdi. Bu kadar çok hayranı olmasından yorulmuş olmalıydı. Bütün gün programına adım adım uydu. Ne kadar iyi bir bebek!

Ne kadar hoş bir deneyim bu. Gözlerine baktığımda, babasının gözlerine bakıyormuş gibi oluyorum. Dişsiz ağzını açıp, her kıkırdamasında pırıl pırıl yanıyor sanki gözleri. Yumuşacık yanaklarına yanağımı yaslayıp, tazecik bebek kokusunu içime çektim, ne kadar özlemişim bu kokuyu. Torunum yaşamıma sözcüklerle dile getiremeyeceğim bir boyut kattı. Babasının bütün günahlarını bağışladım, sarhoş olmalarından, arabamızı çarpmasına kadar.

İkinci gece bebek ağladığı zaman büyükannesinin ne kadar çabuk yanına gelebileceğini sınadı. Büyükanne her rekor denemesinde bir kez düştü. Bebek saat 1:00'de ağladı, acıkmıştı. Onu besledim. Saat 2:30'da ağladı, canı oyun oynamak istiyormuş. Saat 4:00'te elini kemiriyordu, hemen besledim. Saat 5:00'te bütün yediklerini yatağına çıkardı. Saat 6:30'daki beslenme saatine kadar ikimiz de uyuduk. Sanırım acıkmadı artık.

Geri kalan vaktimizde çok mutlu ve huzurluydu, ta ki anne babasının gelmesine beş dakika kalıncaya kadar. Bir anda hiçbir neden yokken ağlamaya başladı, sanırım programını unuttu. Anne babası beni saçlarım darmadağın, gömleğimin eteği pantolonumdan çıkmış, kucağımda bebekle bir aşağı, bir yukarı yürürken buldular. Annesi benim sevgilimi hemen elimden aldı. O anda da bebek sustu. Onları bir türlü iki gündür bebeğin hiçbir şey yapmadığına inandıramadım.

Fakat o sınavı başarıyla atlattım ve daha sonra da baktım bebeğe. Bir daha. Bir daha. Sonra diğer çocuklarımızın çocuklarına baktım. Şimdi yedinci bebeğe bakıyorum.

İlk, "Anneciğim, bebeğe bakabilir misin?" sorusunun üzerinden tam yirmi yıl geçti, ama benim yanıtım hâlâ, "Hazırım. Ne zaman getiriyorsunuz?"dur.

Billie B. Chesney

"Bu GERÇEK bir bakıcı değil. Bizim büyükannemiz.
Bize bakmaya BAYILIR."

Büyükannemin Bahçesi

Her yıl büyükannem Ines bahçesine lâle soğanı diker ve çocuk gibi baharın gelmesini beklerdi. Her bahar lâleler onun sevgi dolu bakımına sadık bir biçimde karşılık verir ve Nisan ayında açarlardı, onu hiçbir zaman düş kırıklığına uğratmadılar. Fakat yaşamını süsleyen gerçek çiçeklerinin torunları olduğunu söylerdi hep.

16 yaşımdayken büyükannemin yanına, onunla birlikte yaşamak üzere gittim. Annem babam başka bir ülkede yaşıyorlardı ve ben çok sorunlu bir genç kızdım. Kendimi çok akıllı zannediyor ve annem babam beni anlayamadıkları için onlara çok öfkeleniyordum. Mutsuz, saygısız, neredeyse okuldan atılmak üzere olan bir genç kızdım.

Büyükannem ufak tefek bir kadındı, kendi çocuklarının, olgunlaşmamış kardeşlerinin sorunlarıyla uğraşıyordu hâlâ. Klasik, ama biraz demode bir güzelliği vardı. Saçları koyu renkti ve her zaman bakımlıydı. Gözleri açık mavi, canlı ve enerjisinin dışa vurduğu güzel gözlerdi. Ailesine olağanüstü bir şekilde bağlıydı ve evlât olarak da kendi anne babası tarafından çok sevilirdi. Yine de, büyükannemi annem ve babamdan daha kolay altedeceğime inanıyordum.

Mütevazi çiftlik evine, başım yerde, gözlerim dayak yemiş bir kedinin gözleri gibi yerde, sessizce taşındım. Herkese, her şeye karşı ilgisizdim. Kimsenin benim özel dünyama girmesine tahammülüm yoktu, çünkü birilerinin aslında ne denli çaresiz olduğumu anlamasından çok korkuyordum. Yaşamın, kişinin tek başına vermesi gereken bir savaş olduğuna inanıyordum.

Büyükannemden, beni yalnız bırakması dışında hiçbir beklentim yoktu. Oysa o çok çabuk pes edecek birine benzemiyordu.

Okullar açılmıştı ama ben sık sık okula gitmiyordum ve günlerimi pijamam üstümde, televizyon karşısında geçiriyordum. Büyükannem hiçbir şeyin farkında değilmiş gibi davranıyor ve her sabah odama istemediğiniz bir güneş ışını gibi dalıyordu.

"Günaydın!" diye adeta şakıyor ve hemen penceremin perdelerini açıyordu. Bense, karşılık olarak yorganımı tepeme çekiyor ve ona karşı ilgisiz davranıyordum.

Odamdan çıktığımda ise, bana sağlığım, düşüncelerim ve görüşlerim hakkında iyi niyetli sorularına başlıyordu. Onu tek heceli sözcüklerle homurdanır gibi yanıtlıyordum, ama o asla cesaretini yitirmiyordu. Tersine, benim aksi yanıtlarımdan çok etkilenmiş görünüyor ve sanki onunla büyük bir sırrımı paylaşıyormuşum gibi beni büyük bir ilgiyle dinliyordu. Ona bir heceden daha uzun yanıtlar verdiğim çok nadir durumlarda, neşeyle ellerini çırpıp gülümsüyordu, sanki ona çok büyük bir armağan vermişim gibi.

Önceleri, vermek istediğim mesajı almadığını düşünüyordum. Fakat, eğitimli bir kadın olmamasına karşın, çok sağduyulu ve zeki bir insan olduğunu anlamıştım. Büyük Kriz sırasında 13 yaşındayken evlenmişti ve yaşamı, restoranlarda aşçılık yaparak, sonradan kendisi bir restoran işleterek, güç ekomomik koşullar altında öğrenmiş, üstelik bu arada beş çocuk büyütmüştü.

Bu nedenle bana ekmek pişirmeyi öğretmek istediği zaman hiç şaşırmadım. Hamur yoğurma konusunda o kadar beceriksizdim ki, sıra yoğurma işine gelince büyükannem geçiyordu işin başına. Fakat yine de ekmek pişene kadar mutfaktan çıkmama izin vermiyordu. O günlerden birinde, büyükannem bir başka şeyle ilgilenirken, pencereden dışarıya gözüm kaydı ve ilk kez onun bahçesini farkettim ve ilk kez onunla konuşmaya başladım. Beni o kadar büyük bir ilgiyle dinliyordu ki, zaman zaman nereye bakacağımı bilemiyordum utancımdan.

Yavaş yavaş büyükannemin bana olan ilgisinin azalmayacağını anladım ve ona kapılarımı açmaya başladım. Artık onunla konuşmayı bekler olmuştum, her ne kadar bunu onun farketmesini hiç istemiyorsam da.

Söz sırası bana gelince, sözcükler bitmek bilmiyordu. Artık okula düzenli olarak gitmeye başlamıştım ve her gün koşar adımlarla eve dönüyordum, çünkü mutfakta beni oturmuş bekliyor oluyordu ve o gün olanları konuşuyorduk.

Bir gün eve geldim ve büyükanneme, "Okul gazetesinin editörü oldum!" müjdesini verdim.

Önce ellerini çırptı, sonra da eliyle açık ağzını kapattı. İki elimi ellerinin arasına aldı ve sıktı. Gözlerine baktım, sevinçten ışıl ışıldı gözleri. Bana, "Seni çok seviyorum ve seninle gurur diyorum" dedi.

Ağzından çıkan sözler beni o kadar etkiledi ki, ona yanıt veremedim. Söylediklerinin önemi milyonlarca kez söylenen "Seni seviyorum"lardan çok daha önemliydi. Sevgisinin koşulsuz olduğunu biliyordum, ama onun dostluğunu kazanmak ve benimle gururlanması benim için çok önemliydi. Bu inanılmaz kadın, kendimde sevilecek, değer verilecek özellikler olup olmadığını sorgulamaya başlamama yol açtı. Kendi potansiyelimi keşfetmek için içimde bir istek doğmuştu sayesinde.

O gün onun gibi yaşamaya karar verdim - enerji dolu ve yoğun bir yaşam. Artık dünyayı, kendimi, başkalarını keşfetmek ve onun beni sevdiği gibi koşulsuz sevmeyi öğrenmek için inanılmaz bir istek duyuyordum. Ve onu sevdiğimi anladım, büyükannem olduğu için değil, bana kendime ve başkalarına değer vermeyi öğrettiği için.

Büyükannem, yanına taşınmamdan iki yıl sonra bir bahar günü öldü. Liseden mezun olmama iki ay kala.

Ölürken bütün çocukları ve torunları yanındaydılar. Kendilerine sevgi ve mutluluk veren o güzel kadının elini tuttular son anına kadar. Bu dünyadan ayrılmadan önce, hepimiz eğilip, yanaklarından öptük. Sıra bana gelince, yanağından öptükten sonra elini tuttum ve kulağına şu sözleri fısıldadım: "Seni çok seviyorum, büyükanneciğim ve seninle gurur duyuyorum!"

Bu günlerde üniversiteyi bitirmeye hazırlanıyorum. Sık sık büyükannemin sözleri geliyor aklıma. Umarım hâlâ benimle gurur duyuyordur. Bahar geldiği zaman onu lâlelerinin arasında canlandırıyorum gözümde. Ve onu düş kırıklığına uğratmamak için sürekli çalışıyorum.

Lynette Curtis

Dışarıda Bir Akşam Yemeği

Birlikte bir akşam yemeği yemek için,
kampusun hemen yakınındaki
küçük bir kafeye gittik.
Üniversite öğrencilerinin yemek yiyip,
derin felsefi konuları tartıştıkları bir yerdi.

Üzerinde kot pantolunun ve boğazlı kazağınla,
Kendinden emin oturdun masaya;
saçların dağınık, ama pırıl pırıldı
gözlerin ışıldıyordu, yaramaz pırıltılarla.
Ve sen beni ve çevredeki herkesi etkilemek için
tüm albenini kullanıyordun.

Garson kız fincanını doldururken,
gözleri üzerindeydi
"Bir peçete daha ister misiniz? Elbette!"
"Çorbanıza biraz daha ekmek ister misiniz? Hemen!"
Hem onunla flört ettin,
hem de kafenin sahibiyle.
Çapkınca gülümsüyordun onlara,
konuşmaya davet eder gibi,
ve yemeğinden tek tük lokmalar atıyordun ağzına.

Masadan iki kez kalktın
şöyle bir dolanıp,

albeni dağıtmak için çevreye.
İki kişilik bir masaya yanaşıp,
kocaman bir gülümsemeyle dudaklarında,
sohbete başlayıverdin çapkınca.
Onların kalplerini fethetmeni izledim uzaktan,
benim kalbimi çalmıştın nasılsa,
bense oturup izlemekten başka seni, hiçbir şey
yapamadım.

Sonunda, peçetemi sabırla katlayıp,
koydum tabağımın yanına.
Artık gitmemiz gerekiyordu,
yanına geldim ve sana,
"Haydi hoşçakalın diyelim!" dedim.

Seni kucağıma alıp,
pusetine yerleştirdim.
Çıkarken herkese çapkınca el salladın,
sadece iki yaşında, büyükannenle çıktığın,
ilk akşam yemeğinde.

Maryann Lee Jacob

"Sakın unutmayın! 'Bize ne getirdin büyükanne?" sorusunu sormadan önce sarılıp, onu öpeceksiniz."

Peter

Oğlumun doğumundan bir gün öncesi hiç unutamayacağım bir gündür. Annem bir beyin kanaması geçirmiş ve sol tarafına felç gelmişti. Üstelik konuşması da etkilenmişti. Ona cesaret vermek ve onu konuşturabilmek için her gün kızkardeşimle hastaneye gidiyorduk. Doktor, konuşmaya hazır olduğu zaman konuşacağını söylüyordu.

O gün annem bana birşeyler anlatmak istiyordu. Önce gözlerime, sonra da kapıya bakıyordu. Beyninde oluşturduğu sözcükleri söylemeye çabalıyor, ama ağzı bunu bir türlü kabul etmiyordu. Ona sarıldım ve birlikte ağlamaya başladık. Benim için kaygılandığını biliyordum ama, bebeğin doğumuna daha bir ay vardı ve annemin yanında kalmak istiyordum. İletişim kurmak için sözcükler gerekmiyordu, ama annemin ağzından çıkacak tek bir sözcük bizler için umut kaynağı olacaktı. Sonunda, "Yarın görüşürüz," dedim, el sallayıp odadan çıktım. Hâlâ başını iki yana sallıyor ve sanki bana, "Evde kal ve dinlen" diyordu.

Annem haklıymış. Dinlenmeliymişim. Annemin yanından ayrıldıktan tam yedi saat sonra, beni aynı hastanenin acil servisine zor yetiştirdiler. Doktorlar sorunun "plasenta brevia" olduğunu söylediler. Anladığım tek şey, benim ve bebeğimin sağlığının tehlikede olduğuydu.

Tanrı'nın ve doktorların sayesinde, bir süre sonra annemin bir kat üstündeki bir odada bebeğim kucağımda oturuyordum.

Minik oğlumun yüzüne bakarken, bir yandan da ona bir ad bulmaya çalışıyordum. Ad çok önemlidir. Çocuğunuza koyduğunuz adın, çocuğunuzun gurur duyacağı bir tarihi ve anlamı olmalıdır. Fakat sezaryen ameliyatının etkisi henüz geçmemişti ve uygun bir ad bir türlü bulamadım oğluma.

İlk oğlumuza babasının adını, Daniel adını vermiştik. İkinci oğlumuza ise, babasının ikinci adı olan Michael'ı. Ne yazık ki, Dan'in başka adı yoktu. Kızımızın adını ise, güzel ülke İrlanda'nın anısına Kerry koymuştuk. Ailedeki bütün adlar, yeğenlerime ikişer, hatta üçer kez konmuştu. Amcam bir zamanlar bana koruyucu meleğinin adının Finbar olduğunu söylemişti, ama bu adı oğluma koyarsam, yürümeyi öğrenmeden önce, kendisini savunmayı öğrenmesi gerektiğini biliyordum.

Zaman geçiyordu ve hemşireler bu konuda beni sıkıştırmaya başlamışlardı. Birdenbire aklıma bir fikir geldi. Hemen hemşireyi çağırdım ve anneme yazdığım şu notu götürmesini istedim kendisinden: Anneciğim, oğlumuz oldu. Ona bir ad verir misin lütfen? Sevgiler, Kathy.

Günün büyük kısmını annemden gelecek yanıtı bekleyerek geçirdim. Bebeğimi her kucağıma aldığımda, kulağına "Çok geçmeden bir adın olacak" diye fısıldadım. Annem aklıma geliyordu ve hemen gözlerim doluyordu. Bir anda hemşire kapıda göründü. Yüzünde gizemli bir gülümseme vardı.

Bebeği elimden aldı ve "Şşşş" dedi. Şaşkınlıkla, "Ne oldu?" diye sordum. Bana tekerlekli sandalyeye oturmamı işaret ettikten sonra sessiz olmamı istedi benden. Bir başka hemşire de bebeği bebek odasına götürdü. Beni tekerlekli sandalyeyle karanlık koridorlardan geçirdi. Bebek odasının önünde Dan ve annem, gülümseyerek beni bekliyorlardı.

"Anneciğim," diye çığlık attım ve gözlerimden yaşlar boşaldı. İlk kez bu kata çıkıyordu. Sonra bir sessizlik oldu ve annem sol elini kaldırıp, bebek odasını işaret etti ve olanca gücünü kullanarak, "Ona ... Peter ... adını koyun" dedi.

Kathy Ryan

10

TEŞEKKÜRLER ANNECİĞİM

Yaşamımda başardığım her şeyi anneme borçluyum.

Abraham Lincoln

Annemin 75 Mumu Söndürdüğü Gün

Geçirdiği onca yıl tam 1.245.187 kez "Tanrım, bana sabır ver!" dedi.

Yıkanmış çocuk bezlerini çamaşır iplerine astı, biberonlar yıkadı, apartmanın üçüncü katından kucağında bebekler taşıdı, giysiler ütüledi ve gururla bebeklerinin pusetlerini itti.

Altı denizaltının personelini doyuracak kadar patates soydu.

Saçları çelik bigudilere sarıldı, saçlarına perma ve değişik modeller yapıldı ve sonunda gümüş rengi kırlaştı.

Kuafördeki sohbetlere bayılırdı, bakkalla da çene çalmaya, Salı günleri ise mahallenin çamaşırhanesinde çamaşır yıkamaya.

Yüksek hemşirelik diplomasını, geçirdiğimiz kızamıklar, suçiçekleri, kabakulaklar, çocuk felçleri, tüberkülozlar, ateşler, dikişler, kırık kollar ve kırık kalpler sayesinde aldı.

Gardrobunda ev elbiseleri, tüylü şapkalar, beyaz eldivenler, kısa etekler, uzun etekler, pantolon ceket takımlar, şık şifon elbiseler ve Sears'ın kataloğundan siparişle aldığı oyuncaklar olurdu.

Yüreğinde bir erkeğin aşkı, çocuklarının sevgisi, sevdiklerinin hatalarından duyduğu üzüntüler, bir yaşam boyu süren dostluklar, mutlu düğünler, çocuklarını, torunlarını, torunlarının çocuklarını görmenin sevinci vardı.

Yerlerini sildiği odaları, pişirdiği yemekleri, paketlediği doğum günü armağanlarını, dinlediği şikâyetleri, okuduğu masalları, işittiği bahaneleri ve her gün Tanrı'ya ettiği duaları kim sayabildi?

Kollarında kuşaklar sallandı. O eller herkesin "en sevdiği" yemekleri pişirdi. Sevdikleri için dua etmek amacıyla sayısız kez diz çöktü. Dudakları acıyan yerlerini öptü çocukların. Kirlenen çocuklarını yıkamak, onların giysilerini toplamak, bahçeden çiçek toplamak için kaç kez eğildi ve sonunda beli büküldü.

Yaşamı gözyaşları ve kahkahalarıyla dolu dolu yaşadı, dünün gün batımlarının, yarının gün doğumuyla yeni umutlara dönüşünü izledi. Onun ve onun elini tutan erkeğin sayesinde, aile sevgisi kuşaktan kuşağa geçti.

Bir anne 75 mum söndürdüğünde, onu sevgiyle çevreleyenler çok şanslıdır.

Alice Collins
Anlatan Geraldine Doyle

Benim Dünyamın Yedi Harikasından Altısı

Üstü açık Chevrolet arabamızla New Mexico çöllerinde yol alırken annem bana döndü ve "Yedi çocuğum olmasaydı, böyle bir şeyi asla yapmazdım" dedi. Taşınırken bana yardımcı olmak üzere Washington D.C.'den iki gün önce Tuscan'a gelmişti. Arabayla gideceğimi söylediğimde, kendisinden gelmesini rica etmemi beklemeden geleceğini söylemişti. İşten izin almış ve bana yardım edebilmek için uçağa atlayıp Chicago'dan gelmişti.

Hep, "yedi çocuğunuz varsa, biri hep ihmal edilir" dendiğini işitirdim, sanki matematiksel bir işlem söz konusuydu (bir gündeki saat sayısı çocuk sayısına bölündüğü zaman, yedinci çocuğa vakit kalmayacağı görülebilirmiş). Ben böyle bir şeye inanmadım hiçbir zaman. Annem nasıl başarırdı bilmiyorum ama, ne kardeşlerim, ne annemin kariyeri ve hatta babam benim ihmal edildiğim duygusuna kapılmama yol açmadı.

Çocukken annemin kucağında oturduğumu, kalbinin nasıl sekiz eşit parçaya bölündüğünü ve bu parçaların her birinin çocuklarına ve babama ait olduğunu açıklamasını dinlediğimi çok iyi anımsıyorum. Annemle hem komşularımızı çekiştirip, hem çayla birlikte kurabiye yiyip evcilik oynarken, diğer kardeşlerimin ve babamın nerede oldukları hakkında hâlâ hiçbir bilgim yok. Ya da, başucumda bana masal okuduğu ya da ninni söylediği zaman.

İlkokula başladığımda annem bana eğer kendimi yalnız hissedersem, ona öpücük göndermemi, öpücüğümü alır almaz kendisinin bana öpücük göndereceğini söylemişti. Buna bugün bile inanırım. Çünkü ne zaman annemi özlesem telefon çalar.

Nerede olursam olayım, her neyle uğraşıyorsam uğraşayım, benimle her şeyi ilk paylaşan annemdir. Bir gün onu yitirirsem, ne yapacağımı düşünüyorum ister istemez. Fakat yine de annemin her zaman yanımda olacağını anladım artık. Bunun nedeni, bütün gücünü yedimiz arasında paylaştırmış olması, bu yüzden kendimi hiçbir zaman yalnız hissetmeyeceğim...

Çocuklarımı yetiştirme konusundan, saçımı nasıl kestirmem gerektiğine kadar her konuda onun fikrini almak istediğimde, kız kardeşim Lisa'yı arayacağım. Lisa bana düşünüp taşınıp, hakça ve dürüst öğütler verebilir.

Bir sorunu çözmem gerektiğinde, erkek kardeşim Bill'i arayabilirim, çünkü Bill annemin yaratıcı gücüne ve bilgece yaklaşımlarına sahip.

İşlerimi yapmak için yeterli zaman bulamadığımda, annemin gücünü ve espri yeteneğini özlediğimde, dört çocuğu olan ve üç ayrı işte çalışan ve yine de bizlerle sohbet etmeye, gülmeye, bizleri dinlemeye vakit bulabilen Gay'i arayacağım.

Dünya birdenbire çok sıkıcı gelmeye başladığında, annemin sihirli gücüne sahip olan Jim'i arayacağım. Jim, aynı annem gibi her basit şeyde bir mucize gizli olduğuna inanır çünkü. İster bir çocukla, isterse bir yetişkinle konuşsun, Noel'de gerçekten de bir Ren geyiği gördüğüne yemin etmeye başlar.

Beni dinleyecek, olduğum gibi kabul edecek ve bana annem gibi şefkat gösterecek birine gereksinim duyduğumda, Mary'yi arayacağım. O bana çay hazırlar, ağlamama izin verir ve beni sadece dinler.

Ve annemin cesaretine gereksinim duyduğumda, yapmam gereken bir şeyi yapamadığımda, en küçüğümüz olmasına karşın, doğruyu yanlıştan çok iyi ayırt edebilen ve kendisine güvenen kızkardeşim Doyle'u arayacağım.

İşte, şu anda annemle çölde yolculuk yapıyoruz ve bana yedi çocuğu olmasa yapmayacağı şeyleri anlatıyor. Eğer annemin yedi çocuğu olmasaydı, yedimizin yapabileceği harika şeyler olmazdı.

Jane Harless Woodward

"Sevgini dört çocuğuna nasıl bölüştürüyorsun?"
"Bölüştürmüyorum ki. Sadece çarpıyorum."

Posta Kutuları

Posta kutumuz, yarım millik sokağın sonundaydı. Yoldan gelip geçen herkes üzerinde büyük beyaz harflerle yazılı BURRES soyadımızı okurdu. Biz çocuklar için bir direğin üzerinde duran o metal kutu sonsuz anlayışın, bağımsızlığın ve koşulsuz sevginin sembolüydü.

Annemiz belki de hiç farkında olmadan böyle bir duygu yaratmıştı üzerimizde. Çocukların sürekli olarak birşeyler öğrenmeleri gerektiğine inanırdı. Anneme göre, çocuklara her an yeni bir şey öğretmek mümkündü ve o büyük bir öğretmendi.

Her gün öğle üzeri annem sokağın sonundaki posta kutusuna mektuplarımızı almaya giderdi. Cumartesi günleri annemin o tarafa yürüdüğünü gördüğümüzde, ne yapıyorsak bırakır annemizin peşinden giderdik, aynı köpeğimiz gibi. Annem çocuklarıyla birlikte yürümeye bayılır, yanına gittiğimizde sevincini belli ederdi. Bu yarım millik mesafe bizim minik bacaklarımız için oldukça uzun bir mesafeydi, ama yine de bayılırdık. Bu, annemizin sevgisini hissetmemiz için bir başka fırsattı.

Posta kutusuna ulaştıktan sonra, annem mektupları kutudan çıkartır, ayırır, içimizden birine mektup varsa mektubun kime geldiğini söylemez, mektubu sahibine gizlice verirdi. Böylece eve kadar herkes kendisine mektup geldiğini düşünür, heyecanlanırdı. Annem hepimize birbirimizin özel yaşamlarımıza saygı göstermeyi öğretmişti. "İşte," derdi, "bu mektup sana." Mektuplarımızı açarken, annem asla okumaya kalkmazdı.

Hepimiz, ilginçtir, zaman zaman mektuplar alırdık. Daha da ilginci hepimiz eşit sayıda mektup alırdık. Bazen birimizin adına bir çocuk dergisi, bazen bir diğerimizin adına halalarımızdan, dayılarımızdan, teyzelerimizden, büyükbabamızdan, büyükannemizden bir kart gelirdi. Hiçbir şey olmasa, bir mağazanın kataloğu gelirdi adımıza. Mektubun içeriğinin hiçbir önemi yoktu, sadece isminizin yazılı olduğu bir zarf almak büyük bir heyecandı.

Kendi mektubumuzu açabilecek yaştan, evden ayrılana kadar bu böyle sürdü gitti. Bizlerin mektup alırken yaşadığımız heyecanın ne olduğunu anladığımda, annemin neden böyle bir şey yaptığını farkettim.

Evden posta kutusuna kadar yaptığımız yürüyüşlerde, annem bazen o ana uyan kısa öyküler anlatırdı. Bazen bize Tanrı hakkında önemli şeyler öğretirdi. Annem yaradanın mucizelerini farkedebilmemiz için eline geçen her fırsatı kullanırdı. Çevremizdeki kuşlar, böcekler, bitkiler de nasibini alır, annem hepsi hakkında bize birşeyler anlatırdı. Yerdeki ya da havadaki hayvanların olağanüstü içgüdüleri, çiçeklerin renklerinin ve şekillerinin güzelliği, polen toplamak için arıların çiçek çiçek gezmeleri, güneşin sonsuz gücüyle verdiği ısı ve ışık; hepsini takdir etmeyi öğretti bize.

Ona hayrandık. O bizim her şeyimizdi. Neşe dolu, iyimser, her zaman gülümseyen, ufacık bir mutluluk karşısında kahkaha atabilen, yumuşacık kahverengi saçları omuzlarında, güzel bir kadındı annem.

İşte bu yüzden, posta kutularının benim için büyük önemi vardır. Bana annemin çevresine saçtığı sevgiyi, bizlere kazandırdığı değerleri ve inançları anımsatırlar.

Bettie B. Youngs

Annemin Sahip Olduğu Zenginlikler

Kızını yoksulluk içinde büyütmesine karşın, bunu ona hissettirmeyen anne çok özel bir insandır. İkinci sınıfa gelene kadar yoksul olduğumuzun farkında bile değildim. Her şeyim vardı; birlikte oynayacak dokuz kardeşim, kitaplarım, elde yapılma bir bebeğim, annemin büyük bir beceriyle onardığı ve diktiği giysilerim. Her akşam annem saçlarımı yıkar ve örer, kahverengi ayakkabılarımı boyardı. Okulda çok mutluydum. Öğretmenimizin projelerimiz için bizlere verdiği yeni pastel boyaların ve kalın resim kağıtlarının kokusuna bayılırdım. Bir sünger gibi verilen her bilgiyi adeta emiyordum. İyi bir öğrenci olduğum için de haftada bir kez okul müdürüne giden mesajları ben götürüyordum.

Hâlâ o günkü yemek hesaplarını yöneticilere götürmek için merdivenleri çıkarken duyduğum gururu çok iyi anımsarım. O gün sınıfıma dönerken, büyük sınıflardan iki kızla karşılaştım merdivenlerde ve birinin diğerine, "Bak, işte o yoksul kız" dediğini işittim, sonra da aralarında gülüştüklerini. Yüzüm kıpkırmızı oldu ve boğazımda bir şey düğümlendi, bütün günü bir kâbus gibi geçirdim.

O gün eve dönerken, kızların hakkımda yaptıkları konuşmayı düşündüm. Acaba neden yoksul olduğumu düşünmüşlerdi? Eğilip giysilerime baktım ve o zaman giysimin renginin ne kadar solmuş olduğunu farkettim. Etek kısmındaki eprimiş yer giysimin eskiliğini iyice vurguluyordu. Ayağımdaki kahverengi erkek ayakkabılarından bir anda utanç duydum.

Eve vardığımda kendime iyice acıyordum. Sanki yabancı bir eve giriyormuşum gibi geldi. Her şeye eleştiren gözlerle bakıyordum. Mutfaktaki eski muşambaları, eski kapılarımızın dökülmeye yüz tutmuş boyalarını farkettim. Annemin beni neşeyle karşılayan sesini duyunca, ona yanıt vermedim. Bize çavdar unundan kurabiye ve süt tozundan yaptığı içeceklerimizi hazırlıyordu. Okuldaki kızların evlerinde süt tozundan yapılma süt içmediklerinden emindim. Yemek vaktine kadar odamdan çıkmadım, bu yoksulluk konusunu anneme nasıl açacağımı düşündüm durdum. Bu gerçeği neden başkalarından öğrenmiştim?

Yeterince cesaret toplayıp mutfağa, annemin yanına gittim. "Biz yoksul muyuz?" diye sordum pat diye. Annemin bu gerçeği inkâr edeceğini, savunmaya kalkacağını ya da hiç değilse bir açıklama yapmak isteyeceğini biliyordum, bu yüzden de bu soruyu sorarken kendimi hiç kötü hissetmemiştim. Annem bir an yüzüme baktı hiçbir şey söylemedi. Sonra, "Yoksul mu?" dedi ve elindeki patatesleri soymayı sürdürdü. "Hayır," dedi, "yoksul değiliz. Sahip olduğumuz şeylere bir baksana." Ve yan odada oyun oynayan kardeşlerime çevirdi gözlerini.

Onun gözlerinde içinde odun yanan sobamızın sıcaklığını, perdelerimizin cıvıl cıvıl renklerini, el dokuması kilimlerimizin güzelliğini ve tezgâhın üzerindeki çavdar kurabiyelerini gördüm. Mutfak penceresinin dışındaysa, biz 10 çocuğa eğlence ve macera kaynağı olan dümdüz kırları gördüm. Annem sözlerini sürdürdü, "Belki bazı insanlar paramız olmadığı için bizim yoksul olduğumuzu düşünebilirler, ama bizim o kadar çok şeyimiz var ki." Ve annem yüzünde mutlu bir gülümsemeyle akşam yemeğimizi hazırlamak üzere işine döndü ve o akşam benim aç karnımı doyurmaktan çok daha fazlasını yaptığını anlamadı. Yüreğimi doyurmuştu.

Mary Kenyon

Sadece Büyük Bir Yanlışlık

Annemin sade bir insan olduğunu söylemek ne eleştiridir, ne de övgü. Aslında o, pek çok insanın farketmediği sade bir insandı. Bu dünya "sade" insanlarla doludur.

Alkolik bir aile ortamında dünyaya gözlerini açan annem 17 yaşına geldiğinde St. Louis'i terketmeye karar vermiş. Bu kararını kendisi şöyle dile getirirdi: "Kavgalara, sarhoşluğa ve her türlü çılgınlığa daha fazla dayanmam olanaksızdı." Yeni bir yaşama başlamak üzere California'daki kuzeninin ailesinin yanına taşınmış. Yıl 1959'muş.

1960 yılında, denizci olan babamla evlenmiş ve evlendikten sonraki dört yıl içinde Tammy, Tina, ben ve Jerry dünyaya gelmişiz. Annem babam Orange County'de 1967 yılında küçük ve sade bir ev satın almışlar.1975 yılında ise annem babam boşandılar. O zaman ben 12 yaşımdaydım.

Belki boşanmalarının getirdiği büyük değişim nedeniyle midir bilmiyorum, birdenbire annemi bir anneden çok bir insan olarak görmeye başladım. Hiçbir özelliği olmayan yüzünü farkettim önce. Gözlerinin çevresinde siyah halkalar vardı ve bedeni doğumunun zor olmasının ve sonradan yaşadıkları yüzünden şekilsizdi. Hiçbir erkek artık tek başına yaşayan annemi farketmiyordu. Benim giderek daha çok farkettiğim gözlerindeki kıvılcımın hiç kimse farkında değildi.

Tek başına yaşamak ve çocuklarına bakmak zorunda kalan diğer anneler gibi, annem de kendisine ikinci bir iş buldu ve içki satan dükkanlara sipariş formu dağıtmaya başladı. Eğer kendisiyle birlikte gidersem bana çikolatalı dondurma alacağını ve beni ancak bu koşullar altında görebildiğini söylerdi. İçki satan dükkânlardan sipariş formlarını alırken, hiçbir erkek başını kaldırıp anneme bakmazdı bile. Belli ki, erkekler için annem görünmez bir kadındı.

Büyüyüp genç kız olduğumda, herkesin anneme karşı bu denli ilgisiz olması beni çok rahatsız etmeye başladı. Annem çok fazla okuyan bir insan olduğu için, bir bilgi küpüydü. Bunu gözlerinden okuyabilirdiniz. Annemin sessizce ve kahramanca sürdürdüğü yaşamı hiç kimse farketmiyordu. Bunu düşündüğümde içim acıyordu.

19 Şubat 1986 tarihinde çalıştığım toptancı şirkette işbaşındayken bir telefon aldım. Arayan annemdi. İki aydır atlatamadığı soğuk algınlığı sonunda doktora gitmişti ve muayenede sol akciğerinde bir tümör oluştuğunu öğrenmişti. Bu telefondan bir hafta sonra ameliyat edildiğinde cerrahlar tümörün annemin aortunu sarıp, kalbe kadar uzandığını gördüler ve hemen ameliyatı sonlandırdılar. Doktor kemoterapi ve radyasyon tedavisinden söz ediyordu ama, gözlerinden gerçeği okumak hiç de zor değildi.

Benim sade annem o tümörle bir kahraman gibi savaştı ve yine annemin bu savaşını hiç kimse farketmedi. Radyasyonun ses telleri üzerindeki korkunç etkisine, yutkunamamaya ve hatta soluksuz kalmaya bile dayanmıştı. Kemoterapi denilen kâbusa bile dayandı, hatta aileyi eğlendirmek için dökülen saçlarının yerine kendisine bir kızıl peruk satın aldı. Bu da işe yaramadı. 2 Şubat 1987 tarihinde bilincini yitirinceye kadar "düşman"ını yenmeye yemin etti. Öldüğünde biz üç çocuğu ellerini tutuyor, yanaklarını okşuyorduk. Ölümü beni çok öfkelendirdi.

Annemi hiçbir zaman farketmedikleri için, tüm dünyaya büyük bir kin duyuyordum. Onu ben farketmiştim. Tek başına verdiği savaşı ve çektiği yalnızlığı ben biliyordum. Fiziksel olarak hiç kimseyi etkilemeyen, ama aslında mükemmel bir insan olan bu kadını nasıl farketmezlerdi? Cenazesinde çok öfkeliydim.

Annemin ufacık bir kilisedeki cenaze törenine hiç tanımadığım insanlar akmaya başladı. Yirmi yıl önce birlikte çalıştığı iş arkadaşları geliyor ve bana, beni en son altım bezliyken gördüklerini söylüyorlardı. Hastalanana kadar çalıştığı işyerinden hiç tanımadığım arkadaşları akın akın geliyor ve bana ve kızkardeşime başsağlığı diliyorlardı. Hatta sekiz yıl önceki aksi patronu bile geldi, elimi sıktı ve benim sade annemin "Yaşamında tanıdığı en kibar insan" olduğunu söyledi.

Yine annemi 12 yaşımdayken gördüğüm gibi görmeye başlamıştım. Kilisenin içindeki kalabalığa baktım, hepsi de annemi farketmişti ve annemin sade bir insan olduğunu düşünüyorlardı. Hepsinin yaşamında bir iz bırakmıştı ve ben bunu hiç farketmemiştim. Hiçbir zaman yanlış bir şey yaptığımda kendimi bu kadar iyi hissetmemiştim. Herkes her şeyin farkındaydı ve öfkem bir anda geçmişti.

Gerald E. Thurston

Hanımefendi

Annem benim için tanıdığım en mükemmel kadındır. Tüm dünyayı gezdim ve pek çok insan tanıdım ama, annemden daha seçkin bir kadın tanımadım. Eğer yaşamımda birşeyler başardıysam, nedeni annemdir.

Charles Chaplin

Ben dördüncü sınıftayken senin gece yarılarına kadar oturup, Cadılar Bayramı için bana Zoro giysileri hazırladığını anımsıyorum. Senin iyi bir anne olduğunu her zaman bilirdim, ama bir hanımefendi olduğunu anlayamamıştım.

Bazen iki ayrı işte çalıştığını, evimizin önündeki kuaförü işlettiğini, böylelikle ailenin geçimine katkıda bulunduğunu anımsıyorum. Çok uzun saatler çalışır, ama yine de gün boyunca gülümsemeyi hiç ihmal etmezdin. Çok çalışkan bir insan olduğunu bilirdim ama, bir hanımefendi olduğunu anlayamamıştım.

Bir gece eve çok geç, hatta gece yarısından sonra geldiğini ve sana ertesi gün okulda sahnelenen oyunda kral olduğumu söylediğimde, bana sabaha kadar oturup kral giysileri hazırladığını anımsıyorum. Sen onca emek döktükten sonra, ben sıramı kaçırmıştım ve senin yarattığın şaheseri kimse görememişti. Yine de olanlara kahkahalarla gülebilmiş ve o anın da tadını çıkarmayı bilmiştin. O zaman da senin diğer annelerden farklı olduğunu bilirdim ama, senin bir hanımefendi olduğunu anlayamamıştım.

Çıkan bir kavgada tam altıncı kez başımı yardığımı ve senin okula, "İyileşir, merak etmeyin. Sadece birkaç gün izin verin ona. Ben daha sonra gelir, sorunla ilgilenirim" dediğini anımsıyorum. Onlar da, ben de senin güçlü bir kadın olduğunu biliyorduk ama, senin bir hanımefendi olduğunu anlayamamıştım.

Lisedeyken benim ev ödevlerime yardım ettiğini, okuldaki özel günler için bana çok özel giysiler hazırladığını ve okulumdaki her etkinliğimi izlemeye geldiğini anımsıyorum. O zamanlar, ne zaman bir çocuğunun başı sıkışsa, yanında olacağını biliyordum ama, senin bir hanımefendi olduğunu anlayamamıştım.

Bir sabah saat 3:30'da eve 43 çocuk getirip, bizde kalıp kalamayacaklarını sormuş ve senden onlara kahvaltı hazırlamanı istemiştim. Beni kırmamak için sabahın 4:30'unda kalkıp, kahvaltı hazırladığını anımsıyorum. O zamanlar senin çok verici bir insan olduğunu biliyordum ama, bir hanımefendi olduğunu anlayamamıştım.

Lisedeyken benim bütün futbol ve basketbol maçlarıma geldiğini ve heyecanlanıp, önünde oturanların başlarına elindeki pom pomlarla vurduğunu anımsıyorum. Sesini sahanın ortasından bile işitebiliyordum. O zamanlar senin çok iyi bir pom pom kız olduğunu biliyordum ama, bir hanımefendi olduğunu anlayamamıştım.

Stanford'a gidebilmem için yaptığın tüm fedakârlıkları, fazladan aldığın işleri, bana düzenli olarak gönderdiğin paketleri, bana yalnız olmadığımı hissettiren mektuplarını anımsıyorum. Senin en iyi arkadaşım olduğunu biliyordum ama, bir hanımefendi olduğunu anlayamamıştım.

Stanford'dan mezun olduğumu, ayda 200 dolarlık bir işi kabul ettiğimi anımsıyorum. Merdivenin son basamağına kadar çıkıp oradan düştüğüme babamla birlikte inanmanıza karşın, yine de bana cesaret vermiştin. Yanıma gelip, tek odalı evimi düzene soktuğunu anımsıyorum. O sihirli dokunuşlarınla gerçek bir eve dönmüştü odam. O zaman ve daha sonraları bir daha, bir daha anladım ki, sen çok yaratıcı bir insandın ama, bir hanımefendi olduğunu anlayamamıştım.

Zaman geçti, büyüdüm, evlendim ve bir ailem oldu. "Büyükanne" oldun ve yeni rolünü de hemen benimsedin, ama hiçbir zaman yaşlanmadın. O zaman Tanrı'nın seni çok özel bir insan olarak yarattığını anladım ama, bir hanımefendi olduğunu anlayamamıştım.

Kitaplar yazdım ve bu kitaplar beğenildi sanıyorum. Babam ve sen bundan o kadar çok gururlandınız ki, tanıdıklarınıza oğlunuzun başarısını göstermek için, kitaplarımdan armağan ettiniz. O zaman senin herkese destek olan bir insan olduğunu anladım ama, bir hanımefendi olduğunu anlayamamıştım.

Mevsimler döndü ve tanıdığım en büyük insanlardan biri de öldü. Senin cenaze töreninde dimdik, gururlu bir şekilde ayakta durduğunu ve bu duruşunla herkese "Onunla geçirdiğim ömrümün her dakikası için şanslı sayılırım" demek istediğini hâlâ çok iyi anımsıyorum. O zaman en zor koşullarda bile dimdik ve mağrur ayakta kalabilen bir kadın gördüm karşımda. Artık senin ne kadar hanımefendi olduğunu anlamaya başlamıştım.

Son bir yıl içinde senin tek başına dimdik ayakta kaldığını görünce onca yıl gördüklerim sana yepyeni bir açıdan bakmamı sağladı. Her şeye karşın hâlâ içten kahkaha atabiliyorsun, daha da güçlüsün, hepimizi daha çok seviyorsun ve şimdi senin bir hanımefendi olduğunu çok iyi biliyorum.

Tim Hansel

Sonsöz

Anneme Dua

Sevgili Tanrım,

Artık genç değilim ve arkadaşlarımın anneleri tek tek ölmeye başladı. Arkadaşlarımın annelerinin değerini anladıklarında, bunu onlara söyleyemeyecek kadar geç kaldıklarını dile getirdiklerini işitiyorum.

Benim hâlâ hayatta olan kusursuz bir annem var. Onun değerini her geçen gün daha iyi anlıyorum. Annem değil ama, ben değişiyorum. Yaşım ilerleyip, deneyimlerim arttıkça, onun ne kadar olağanüstü bir insan olduğunu daha iyi anlıyorum.. Bu sözleri annemin kendisine söyleyemiyorum ne yazık, oysa duygularımı kaleme almak ne kadar kolay.

Bir evlât kendisine yaşam veren annesine nasıl teşekkür edebilir? Bir çocuk büyütürken gösterdiği sevgiye, sabıra ve onca çabaya? Bebekken arkasından koştuğu, asabi bir ergeni anladığı, her şeyi bildiğine inanan üniversite öğrencisini tolere ettiği için nasıl şükran duygusunu dile getirebilir? Kızının annesinin ne kadar akıllı bir insan olduğunu anladığı günü sabırla beklediği için?

Anne olmuş bir evlât hâlâ kendisine annelik yapan bir insana nasıl teşekkür edebilir? Her zaman öğüt vermeye hazır olduğu (istendiğinde) ya da gerektiğinde sessiz kalmayı başardığı için?

Binlerce kez söyleyebileceği durumlarla karşılaşmasına karşın, "Ben sana söylememiş miydim?" demediği için. Kendisi olduğu için - sevgi dolu, düşünceli, sabırlı ve bağışlamayı bilen kendisi?

Tanrım senden onu hakettiğince kutsamanı istemekten başka bir şey gelmiyor elimden ve onun bana örnek olmasında bana yardımcı olmandan başka. Kendi çocuklarımın gözünde, annemin benim gözünde olduğu kadar iyi bir anne olabilmek için sana dua ediyorum Tanrım.

— Bir kız evlât

Ann Landers

hyb yayıncılık...

Yayımlanmış Sosyal Kitaplarımız

(I) PSİKOLOJİ DİZİSİ (PSİ)

PSİ-01 - Psikozum, Bisikletim ve Ben
PSİ-02 - Güç: Güç Sahibi Olma İsteği ve Güce Sahip Olmaktan Korkma
PSİ-03 - Yalan! Yalan!! Yalan!!! Yalancılığın Psikolojisi
PSİ-04 - Herkes Biraz Kaçıktır: Nörotiklerin Elkitabı
PSİ-05 - Freud ve Annesi
PSİ-06 - Şizofreni ve İlkel Ruhsal Durumlar
PSİ-07 - Freud ve Babası
PSİ-08 - Reinkarnasyon: Yeniden Doğuş
PSİ-09 - Psikanaliz: Temel Kavramlar
PSİ-10 - Psikanaliz Öyküleri
PSİ-11 - Kültürel Psikiyatri ve Psikoterapi Yazıları
PSİ-12 - Siyasal Felsefe Denemeleri
PSİ-13 - Ustaca Yaşamak - İnsana Yolculuk

(II) KENDİNİ GELİŞTİRME DİZİSİ (KGE)

KGE-01 - Evlenmek İstiyorum: Eşimi Nasıl Seçmeliyim
KGE-02 - Utangaçlığınızı Yenin
KGE-03 - Sevgili Patron: Her Yöneticinin Duymak, Bütün Çalışanların Söylemek İstedikleri
KGE-04 - Kendiniz Olun: Daha Etkin Bir Yaşam Sürmek İçin Anlamlı Bir Kılavuz
KGE-05 - Her An Öfkeli misiniz? Öfkenizi Denetim Altında Tutabilmek İçin Bir Kılavuz
KGE-06 - Bağışlayın ve Unutun: Haketmediğiniz Yaraları İyileştirmenin Yolları
KGE-07 - Ne Hissettiğiniz Kendinize Bağlı: Duygularınızı Seçim Gücü
KGE-08 - Atılganlık Hakkınızı Kullanın

KGE-09 - Kontrol Sizde mi? Hayatlarının Kontrolünü Ellerinde Tutmak İsteyenlerin Elkitabı
KGE-10 - Nerede Yeter Demek Gerekir? Hiçbir Zaman Doyum Bulamıyorsanız Neler Yapabilirsiniz
KGE-11 - Herkes Doğuştan Başarılıdır: Sınırsız Potansiyelinizi Nasıl Açığa Çıkarabilirsiniz
KGE-12 - Kendinizi Tanıyın, Dilediğiniz Gibi Olun
KGE-17 - Hayır Dediğimde Kendimi Suçlu Hissediyorum
KGE-18 - Cesaret: Hayatlarını Değiştirme Cesareti Olanların Elkitabı
KGE-19 - Orta Yaşın İsyanı
KGE-20 - Aşil Sendromu: Başarısızlık Korkusunu Yenme
KGE-21 - İçinizden Gelen Sesi Dinleyin
KGE-22 - Alaaddin Faktörü
KGE-23 - Başarma Cesaretini Gösterin
KGE-24 - Mutlu Olmak
KGE-25 - Arkadaş Edinmek
KGE-26 - Ne Olursa Olsun Mutlu Olabilirsiniz
KGE-27 - Mutluluğa Giden Kestirme Yollar
KGE-28 - Küçük İşleri Doğru Yaptığınızda Büyük İşler Başarırsınız
KGE-29 - Karakteriniz Kaderinizdir
KGE-30 - Kalbinizin Sesini Dinleyin

(III) YÖNETİM DANIŞMANLIĞI DİZİSİ (YDA)

YDA-01 - Kişiselleştirmemeyi Öğrenin: Üzerinize Alınmamayı Nasıl Başarabilirsiniz
YDA-02 - İletişim Becerilerini Geliştirmenin Yolları
YDA-03 - Kazanmak İçin Motive Olun: Başarılı Olmak İçin Sınanmış Yöntemler
YDA-04 - Artık Zamanı: Sürüncemede Bırakanların Tarzları ve Bunlarla Başetme Yöntemleri
YDA-05 - İşimi Seviyorum: İşyerinde Benlik Saygısını Artırmak ve İnsan Ruhunu Uyandırmak İçin Öyküler ve Stratejiler

(IV) ESİN KAYNAKLARI DİZİSİ (ESK)

ESK-01 - Bir Kase Tavuk Suyuna Çorba: Yüreğinizi Isıtacak Öyküler
ESK-02 - Tavuk Suyuna Çorba: Yüreğinizi Isıtacak Seçme Öyküler
ESK-03 - Tavuk Suyuna Çorba: Yüreğinizi Isıtacak Öyküler
ESK-04 - Tavuk Suyuna Çorba: Kadınların Yüreğini Isıtacak Öyküler
ESK-05 - Tavuk Suyuna Çorba: Annelerin Yüreğini Isıtacak Öyküler
ESK-06 - Tavuk Suyuna Çorba: Gençlerin Yüreğini Isıtacak Öyküler
ESK-07 - Tavuk Suyuna Çorba: Çocukların Yüreğini Isıtacak Öyküler
ESK-08 - Tavuk Suyuna Çorba: Yüreğinizi Isıtacak İş Yaşamı Öyküleri
ESK-09 - Tavuk Suyuna Çorba-İkinci Porsiyon: Yüreğinizi Isıtacak Yeni Öyküler

ESK-10 - Tavuk Suyuna Çorba: Hayvanseverlerin Yüreğini Isıtacak Öyküler
ESK-11 - Tavuk Suyuna Çorba: Kanserden Kurtulanların Yüreğinizi Isıtacak Öyküleri
ESK-12 - Tavuk Suyuna Çorba: Çiftlerin Yüreklerini Isıtacak Öyküler
ESK-13 - Tavuk Suyuna Çorba-Üçüncü Porsiyon: Yüreğinizi Isıtacak Yeni Öyküler
ESK-14 - Yürekten Armağanlar
ESK-15 - Annelerden Dersler
ESK-16 - Babalardan Dersler
ESK-17 - Arada Bir İyilik Yapın, Denize Atın
ESK-18 - Arada Bir Yeni İyilikler Yapın, Denize Atın
ESK-19 - Tavuk Suyuna Çorba: Üniversitelilerin Yüreğini Isıtacak Öyküler
ESK-20 - Tavuk Suyuna Çorba: Bekârların ve Tek Başına Yaşayanların Yüreğini Isıtacak Öyküler
ESK-21 - Tavuk Suyuna Çorba: Her Zaman Ayakta Kalmayı Başaranların Yüreğinizi Isıtacak Öyküleri
ESK-22 - Tavuk Suyuna Çorba: Altın Çağında Olanların Yüreğini Isıtacak Öyküler
ESK-23 - Satılık Köpek Yavruları ve Esin Kaynağı Olacak Başka Öyküler
ESK-24 - Çocuklardan Dersler
ESK-25 - Göğün Yedinci Katı Meleklere Yüksek Gelmez
ESK-26 - Tadı Damağınızda Kalacak Öyküler
ESK-27 - Tadı Damağınızda Kalacak Öyküler-Gençler İçin Bir Derleme
ESK-28 - Adsız Çocuk
ESK-29 - Yitik Çocuk
ESK-30 - Gençlerden Gençlere Tadı Damağınızda Kalacak Öyküler
ESK-31 - Yaşam Bir Öyküdür
ESK-32 - Tavuk Suyuna Çorba-Dördüncü Porsiyon: Yüreğinizi Isıtacak Yeni Öyküler

(V) KADIN-ERKEK VE İLİŞKİLER DİZİSİ (KEİ)

KEİ-01 - Sevdiğiniz Zor Erkekle Nasıl Başa Çıkarsınız
KEİ-02 - Kadınlardan Nefret Eden Erkekler ve Bu Erkekleri Seven Kadınlar
KEİ-03 - Kadınların Hayatlarını Mahvetmek İçin Yaptıkları On Aptalca Hata
KEİ-04 - Atılgan Kadın
KEİ-05 - Mutluyum, Çünkü Bekarım
KEİ-06 - Suçlamayı Bırak, Sevmeye Bak! İlişkinizi Geliştirmek İçin Sorun Çözme Yönelimli Bir Yaklaşım
KEİ-07 - Altmış Dakikalığına Evliliğiniz
KEİ-08 - Öteki Anne: Nasıl "Mükemmel"e Yakın Bir Kaynana Olunur
KEİ-09 - Zor Bir Erkeği de Sevmek Mümkün
KEİ-10 - Peter Pan Sendromu: Hiç Büyümeyen Erkekler
KEİ-11 - Sona Eren İlişkinin Ardından Yeniden Toparlanmak
KEİ-12 - İkinin Gücü: Güçlü ve Sevgi Dolu Bir Evliliğin Sırları
KEİ-13 - Erkekler Nasıl Düşünür: Erkeklerin Dünyasında Başarılı Olmanın Yedi Altın Kuralı

KEİ-14 - Kocanızla Nasıl Konuşmalısınız/Karınızla Nasıl Konuşmalısınız
KEİ-15 - Kadınlar ve Benlik Saygısı
KEİ-16 - Kızlarını Deli Eden Anneler
KEİ-17 - Erkekler Aşka İnanırsa
KEİ-18 - Keşke Bunları Evlenmeden Önce Bilseydim
KEİ-19 - Keşke Bunları Çocuğum Olmadan Önce Bilseydim
KEİ-20 - Erkekler Kendilerini Seven Kadınları Severler
KEİ-21 - Sona Erdirilemeyecek Kadar İyi, Sürdürülemeyecek Kadar Kötü: İlişkiyi Sürdürme ya da Sona Erdirme Kararı Vermenize Yardımcı Olacak Bir Kılavuz
KEİ-22 - Çiftler İçin İletişim Mucizeleri
KEİ-23 - Gerçek Aşk
KEİ-24 - Yaşamboyu Süren Sevgi
KEİ-25 - İstediğiniz Sevgi İse, Neden Seks Yapmakla Yetiniyorsunuz?
KEİ-26 - Evlilik Teklifine "Evet" Dedikten Sonra Ne Yapmanız Gerekiyor
KEİ-27 - Elmayı Isırmak: Aşk Konusunda Akıllanan Kadınlar
KEİ-28 - Bir Kadının 40 Yaşına Gelmeden Önce Verebileceği En Akıllıca On Karar

(VI) CİNSEL YAŞAM DİZİSİ (CYA)

CYA-01 - Cinsellik Hakkında Konuşamadıklarınız
CYA-02 - Cinsel Hayatınıza Renk Katacak Yöntemler

(VII) ÇOCUK EĞİTİMİ DİZİSİ (ÇOE)

ÇOE-01 - Çocuğunuzla İşbirliği Yapabilme: Çocuğunuzla Bağırıp Çağırmadan, Azarlamadan, Yalvarmadan Nasıl İşbirliği İçinde Olabilirsiniz
ÇOE-02 - Ergenlik Çağındaki Çocuğunuzu Anlamanın Yolları
ÇOE-03 - Altmış Dakikalığına Baba
ÇOE-04 - Kendine Güvenen Çocuk Yetiştirme: Çocukların Benlik Saygılarını Geliştirme ve Utangaçlıklarını Yenme Yolları
ÇOE-05 - Altı-On İki Yaşları Arasındaki Çocuğunuzu Aklınızı Oynatmadan Nasıl Terbiye Edersiniz?
ÇOE-06 - Tek Çocuk Sendromu: Tek Çocuk Olmakla Başaçıkmanın Yolları
ÇOE-07 - Boşanma ve Çocuğunuz: Çocuğunuzun Boşanmanızla Başetmesine Nasıl Yardımcı Olursunuz?
ÇOE-08 - Bağırıp Çağırmadan ya da Dövmeden Çocuk Terbiyesi: Sık Karşılaşılan Okul Öncesi Davranış Sorunlarına Pratik Çözümler
ÇOE-09 - Her Anababanın Bilmesi Gereken On Şey
ÇOE-10 - "Kimse Beni Sevmiyor" (Çocuğunuzun Arkadaş Edinmesine Nasıl Yardımcı Olabilirsiniz?)
ÇOE-11 - "Ödevimi Köpekler Kaptı" (Çocuğunuzun Ödev Sorunlarıyla Başaçıkmanızın Yolları)

ÇOE-12 - Çocuğunuzla Uzlaşabilme: Çocukların Asi ve Saldırgan Davranışlarını Durdurmak İçin Kapsamlı Bir Yöntem

ÇOE-13 - "Anne Yemin Ederim Ben Yapmadım" (Çocuğunuzun Dürüstlüğe Sığmayan Davranışlarıyla Başaçıkmanızın Yolları)

ÇOE-14 - "Anne Şuna Bak, Bana Vuruyor!" (Çocuğunuzun Kardeşiyle Rekabet Etmesiyle Başaçıkmanızın Yolları)

ÇOE-15 - Anababaların En Çok Sorduğu Soruların Cevapları

ÇOE-16 - Çocuğunuzun Doğru Davranışlar Geliştirebilmesi İçin Ne Yapmalı (Sağduyulu ve Şefkatli Bir Terbiye İçin Pratik Bir Yolgösterici)

ÇOE-17 - "Eyvah Ödev Yapma Zamanı" (Çocuğunuzun Ödev Yapma Alışkanlıklarını Nasıl Düzeltebilirsiniz)

ÇOE-18 - Çocuğunuzun Ders Çalışması Gerekiyor (Çocuğunuzun Sınavlara Etkin Bir Şekilde Hazırlanmasını Nasıl Öğretirsiniz)

ÇOE-19 - Çocuğunuz Kitap Okumayı Sevmiyorsa (Onu Nasıl Kitap Okumaya Yönlendirebilirsiniz)

ÇOE-20 - Televizyon Bağımlısı Çocuklar (Çocuklara Televizyonu Kapatmayı ve Eğlenmeyi Öğretme)

ÇOE-21 - Çocuğunuz Artık Sorun Çıkarmadan Uyuyacak (Yatma Vakti Sorunlarına Basit Çözümler)

ÇOE-22 - Evle İlgili Sorumlulukları Yerine Getirme (Çocuğunuza Verdiğiniz İşlerin Yapılmasını Nasıl Sağlayabilirsiniz)

ÇOE-23 - Kardeş Kavgaları ile Başedebilme (Kardeşlerin Birbirleriyle Geçinmesine Yardımcı Olmak)

ÇOE-24 - Sabah Koşuşturmasını Nasıl Azaltabilirsiniz (Ailenizin Sabahları Yaşadığı Kargaşaya Son Verin)

ÇOE-25 - 13-19 Yaşları Arasındaki Gençler: Ergenlik Çağındaki Çocuklarını Anlamaları İçin Anababalara Bir Kılavuz

ÇOE-26 - Çocuklarınıza Güzel Değerler Kazanmayı Öğretme

ÇOE-27 - Çocuğunuza Sınır Koyma

ÇOE-28 - Bir Aile Olmanın Güzel Yolları

ÇOE-29 - Bir Çocuğu Sevmenin Güzel Yolları

ÇOE-30 - Bir Ergeni Sevmenin Güzel Yolları

ÇOE-31 - Minik Canavarın İlk Altı Haftası

ÇOE-32 - Minik Canavar: Güzel Davranışlar Kılavuzu

ÇOE-33 - Minik Canavar: Doğru Beslenme Kılavuzu

ÇOE-34 - Minik Canavar: Doğru Uyku Alışkanlıkları

ÇOE-35 - Anababaların Yapması ve Yapmaması Gerekenler

ÇOE-36 - Çocuklarımıza Verdiğimiz Gizli Mesajlar

(VIII) ÇOCUKLARIN-GENÇLERİN KENDİLERİNİ GELİŞTİRMESİ DİZİSİ (ÇKG)

ÇKG-01 - Çocuğunuza Güzel Değerler Kazandıracak Kitaplar: Yaramaz Köstebek (Söz Dinleme Üzerine Bir Kitap)

ÇKG-02 - Çocuğunuza Güzel Değerler Kazandıracak Kitaplar: Bencil Kedi Mimi (Oyuncaklarını Paylaşma Üzerine Bir Kitap)

ÇKG-03 - Çocuğunuza Güzel Değerler Kazandıracak Kitaplar: Pippo'ya Bir Ders (Başkalarına İyi Davranma Üzerine Bir Kitap)
ÇKG-04 - Çocuğunuza Güzel Değerler Kazandıracak Kitaplar: Oyuncaklar Ülkesi (Oyuncaklarının Değerini Bilme Üzerine Bir Kitap)
ÇKG-05 - Çocuğunuza Güzel Değerler Kazandıracak Kitaplar: Ateş Püskürmeyen Ejderha (Başkalarından Farklı Olmaya Saygı Gösterme Üzerine Bir Kitap)
ÇKG-06 - Çocuğunuza Güzel Değerler Kazandıracak Kitaplar: Huysuz Ejderha (Arkadaş Edinme Üzerine Bir Kitap)
ÇKG-07 - Çocuğunuza Güzel Değerler Kazandıracak Kitaplar: Minik Mavi Fil (Açık Görüşlü Olma Üzerine Bir Kitap)
ÇKG-08 - Çocuğunuza Güzel Değerler Kazandıracak Kitaplar: Timsahın Sırrı (Hatalarımızı Kabul Etme Üzerine Bir Kitap)
ÇKG-09 - Çocuğunuza Güzel Değerler Kazandıracak Kitaplar: Kaybolan Işığın Aranışı (Kararlılık Gösterme Üzerine Bir Kitap)
ÇKG-10 - Çocuğunuza Güzel Değerler Kazandıracak Kitaplar: Ağacın Yeni Yaprakları (Dış Görünüşünü Kabullenme Üzerine Bir Kitap)
ÇKG-11 - Çocuğunuza Güzel Değerler Kazandıracak Kitaplar: Dev Turpun Öyküsü (Cömertlik ve Açgözlülük Yapmama Üzerine Bir Kitap)
ÇKG-12 - Çocuğunuza Güzel Değerler Kazandıracak Kitaplar: Karakış (Başkalarına Yardım Etme Üzerine Bir Kitap)
ÇKG-13 - Çocuğunuza Güzel Değerler Kazandıracak Kitaplar: Yaşlı Elma Ağacını Kurtarma (Çevreye Karşı Duyarlı Olma Üzerine Bir Kitap)
ÇKG-14 - Çocuğunuza Güzel Değerler Kazandıracak Kitaplar: Ejderha Fenerleri (Dürüstlük Üzerine Bir Kitap)
ÇKG-15 - Çocuğunuza Güzel Değerler Kazandıracak Kitaplar: Çileklerimi Kim Aldı (Paylaşmayı Öğrenme Üzerine Bir Kitap)
ÇKG-16 - Çocuklar İçin Tavuk Suyuna Çorba: Yeni Gelen Çocuk ve Kurabiye Hırsızı
ÇKG-17 - Çocuklar İçin Tavuk Suyuna Çorba: Bana Ait Bir Köpek
ÇKG-18 - Çocuklar İçin Tavuk Suyuna Çorba: Örgülü Saçlı Kız
ÇKG-19 - Çocuklar İçin Tavuk Suyuna Çorba: Hiç Unutulmayan Taş Bebek
ÇKG-20 - Çocuklar İçin Tavuk Suyuna Çorba: İyilik Gorilleri
ÇKG-21 - Çocuklar İçin Tavuk Suyuna Çorba: Babamla Geçirdiğim En Güzel Akşam
ÇKG-22 - Çocuklar İçin Tavuk Suyuna Çorba: Della'nın Yaşgünü

(IX) YAŞAMIN GÜLERYÜZÜ DİZİSİ (YGÜ)

YGÜ-01 - Müjde! Bir Oğlunuz Oldu
YGÜ-02 - Müjde! Bir Kızınız Oldu
YGÜ-03 - Yeni Doğan Bebeğiniz İçin "Kullanım Kılavuzu"
YGÜ-04 - Bebekler Konuşabilseydi
YGÜ-05 - Anne Olmak Hiç de Eğlenceli Değil
YGÜ-06 - Erkeklerin Kadınları Kızdırmak İçin Yaptığı Şeyler
YGÜ-07 - Kadınları Nasıl Mutlu Edersiniz
YGÜ-08 - Erkekleri Nasıl Mutlu Edersiniz
YGÜ-09 - Sevdiğiniz Kadın İçin "Kullanım Kılavuzu"
YGÜ-10 - Sevdiğiniz Erkek İçin "Kullanım Kılavuzu"

(X) GÜZEL DEYİŞLER DİZİSİ (GDE)

GDE-01 - Murphy'nin Yasaları
GDE-02 - Son İki Bin Yılın En Güzel Deyişleri

(XI) SAĞLIK DİZİSİ (SAĞ)

SAĞ-01 - Kalp Hastalıkları; Kaynak Kitap
SAĞ-02 - Tip II Diyabet; Kaynak Kitap
SAĞ-03 - Allerji; Kaynak Kitap
SAĞ-04 - Yüksek Riskli Gebelik; Kaynak Kitap
SAĞ-05 - Menapoz; Kaynak Kitap
SAĞ-06 - Menapozdan Sonra Hormon Tedavisine Gerek Var mı?
SAĞ-07 - Meme Kanseri; Tanı, Tedavi, Korunma; Kaynak Kitap
SAĞ-08 - Plastik Cerrahi; Kaynak Kitap
SAĞ-09 - Prostat Tedavisinde Doğru Kararı Verebilmek
SAĞ-10 - Depresyon; Kaynak Kitap
SAĞ-11 - Şizofreni; Hastalığı Anlamak ve Onunla Yaşamayı Öğrenmek
SAĞ-12 - Bebeğiniz ve Çocuğunuz İçin İlkyardım Elkitabı
SAĞ-13 - Bebeğiniz ve Çocuğunuzun Sağlık Bakımı
SAĞ-14 - İyi Kolesterol, Kötü Kolesterol

(XII) TIP KİTAPLARI DİZİSİ (TIP)

TIP-01 - Psikiyatri Temel Kitabı (2 cilt)
TIP-02 - Amerikan Psikiyatri Birliği: Psikiyatrik Hastalıkların Tanımlanması ve Sınıflandırılması (DSM-IV)
TIP-03 - SCID: DSM-IV'e Göre Psikiyatrik Hastalıklar İçin Yapılandırılmış Klinik Görüşme Kılavuzu
TIP-04 - Tanımlayıcı Psikiyatri
TIP-05 - Pratisyen Hekimin Elkitabı
TIP-06 - Klinisyen: Hekimler İçin Klinik Başvuru Elkitabı
TIP-07 - İç Hastalıkları Elkitabı
TIP-08 - Acil Durumlarda Tanı ve Tedavi
TIP-09 - Ortopedi ve Travmatoloji
TIP-10 - Geriatri (Yaşlılık Dönemi Hastalıkları) (2 cilt)
TIP-11 - Psikiyatride Kullanılan Klinik Ölçekler

HYB Yayınları, Hekimler Yayın Birliği'nin, psikiyatristler, çocuk psikiyatristleri, psikologlar, pediatristler ve Öğretim Üyesi hekimler, çocuk eğitimi uzmanları, sosyologlar ve halkla ilişkiler uzmanlarından oluşan bilimsel yayın kurulu tarafından seçilmekte ve gözden geçirilmektedir.

KİTAP SİPARİŞİ:

İstediğiniz kitapları büyük kitabevlerinde bulabilir ya da kredi kartınızla sipariş edebilirsiniz. Listede yer alan kitapların fiyatlarını yayınevi merkezimize telefon ederek öğrenebilirsiniz. Ödemeli gönderme uygulamamız yoktur.

Kredi kartı ile kitap siparişi: Almak istediğiniz kitapların kodlarını, kredi kartınızla ilgili diğer bilgilerle birlikte aşağıdaki forma doldurup adresimize göndermenizle birlikte siparişiniz işleme konacak ve kitaplar en kısa süre içinde adresinize gönderilecektir. Kitap siparişlerinizi faksla ya da mektupla bize bildirebilirsiniz.

HYB Yayıncılık
Bilkent Plaza A3 Blok 21-24
Bilkent, 06533 Ankara
Tel: (312) 266 55 66
Faks: (312) 266 55 77

(Bu sayfayı fotokopi ile de çoğaltabilirsiniz.)

Sosyal Kitaplar
Sipariş Formu

Aşağıda kod numaralarını yazdığım kitapları lütfen adresime gönderiniz.

1 ☐☐☐ — ☐☐ 2 ☐☐☐ — ☐☐ 3 ☐☐☐ — ☐☐

4 ☐☐☐ — ☐☐ 5 ☐☐☐ — ☐☐ 6 ☐☐☐ — ☐☐

Adı Soyadı : ....

Adresi : ....

Tel : (0) ....

❑ *Kredi kartı hesabına borç kaydediniz*

❑ *VISA* ❑ *MASTERCARD/EUROCARD*

Kart Sahibinin Adı Soyadı

Kredi Kartı No ☐☐☐☐ ☐☐☐☐ ☐☐☐☐ ☐☐☐☐

Son Kullanma Tarihi ☐☐ ☐☐

Tarih: .... / .... / 200.....

İmza

BİBLİYOTERAPİ

Bibliyoterapi, eski Yunanca'da kitapla terapi (kitaplar ve dergiler aracılığıyla iyileştirme) anlamına gelmektedir. Kişinin olaylarla ve çıkan sorunlarla başetme becerilerini artırması, kendini daha iyi hissetmesi, diğer bir deyişle, kendine, çevresine ve geleceğine ilişkin daha olumlu bir bakış açısı kazanması ve kendini geliştirmesi için kitap ve dergi gibi basılı gereçlerin terapötik amaçlarla kullanılmasıdır. Üç değişik amaçla bibliyoterapiye başvurulabilmektedir. Birincisi, sorunlarıyla başa çıkmakta zorluğu olanların sorunları hakkında bilgilendirilmeleri amacıyla; ikincisi, duygusal ya da davranışsal sorunları olanların imgesel literatürü okuyarak, katarsis yoluyla ve empati yaparak kendilerine ilişkin farkındalık kazanmaları ve içgörü geliştirmeleri, dolayısıyla duygusal ve davranışsal değişiklikler göstermeleri amacıyla; üçüncüsü ise, birtakım sorunların üstesinden gelmekte zorluklar yaşayan ve bunlarla başa çıkamayan normal kişilerin, diğer bir deyişle, bir dönem için bunalımda, kriz döneminde olan bu insanların söz konusu imgesel ve didaktik literatürü okuyarak kendilerini yeniden gerçekleştirmeleri ve gelişmelerini sağlamak amacıyla...

Bibliyoterapinin gerisindeki amaç, kişinin kendisi için tehdit kaynağı olan duygularının, işin içinde başkalarının olduğu bir duruma ya da eyleme displase edilerek yaklaşılması yoluyla kişiye yardımcı olunabileceği görüşünden kaynaklanmaktadır. Yaratılan "psikolojik mesafe" kişinin söz konusu duruma giderek yaklaşıp bu durumu tanımlamasını kolaylaştıracağı için bu yöntem kişinin yavaş yavaş kendini daha iyi tanımasına, içgörü kazanmasına, dolayısıyla değişmesine katkıda bulunacaktır. Bibliyoterapi, kişinin iletişim becerilerini geliştirmek, yaşamına ilişkin algı bozukluklarını değiştirmek, cinsellik vb. gibi özel birtakım durumlar ve sorunlar için "bilgi kaynağı" olarak da kullanılabilmektedir.

Öte yandan bu konularda yazılan, bilimsel temellere dayalı, dergiler ve kitaplar kişilerin kendileri için yüklü konularda korku, utangaçlık ya da suçluluk gibi, yaşadıkları sorunlarla doğrudan ilintili duygularını ortadan kaldırarak kişilerin belirli birtakım sorunlarını sözelleştirmelerini, diğer bir deyişle dışa vurmaları ve bunları tartışabilmeleri için birer uyaran olmaktadır. Sorunların dışa vurulup sözelleştirilmesinin (konuşulabilmesinin) de büyük bir iyileştirici gücünün olduğu tartışılmazdır...

BİBLİYOTERAPİ

BİBLİYOTERAPİ

Sizin TAVUK SUYUNA ÇORBA'nız Yok mu?

Bugüne dek yayımlanan TAVUK SUYUNA ÇORBA kitaplarındaki öyküler, şiirler ve güzel sözler tüm dünyada sizin gibi okurların yardımlarıyla toplanmıştır. Bu kitapların bu denli çok okunmasının ve sevilmesinin, tüm dünyada en çok okunan kitaplar arasına girmesinin gerçek yanı da bu olabilir.

Şimdi sıra size geldi. Eminiz pek çoğunuz bu kitaplardaki öyküleri okurken benzer durumları yaşadığınızı düşündünüz. Ya da "Bu da bir şey mi? Bir gün ben..." diye bir anınızı anlatmaya başladınız bile. Bu öyküleri diğer okurlarla, belki de tüm dünya ile paylaşma zamanı geldi. Çünkü, TAVUK SUYUNA ÇORBA, TÜRKİYE'DEN YÜREĞİNİZİ ISITACAK ÖYKÜLER'i hazırlamaya başlıyoruz. Tüm ülkeler kendi öykülerini yayımladıktan sonra her kitaptan alınacak seçme öykülerle dünya barışını, sevgi ve kardeşliğini güçlendirmek için TÜM DÜNYADAN TAVUK SUYUNA ÇORBA kitabı yayımlanacak. Belki de sizin öykünüz bu kitapta Türkiye'yi temsil edecek.

Öyküleriniz 1200 sözcüğü geçmesin. İnsanlara iyi duygular, umut, cesaret, birbirini sevme, paylaşma gibi duygular aşılasın. Bu öyküleri yazarken yazım kuralları ve dil yanlışlıkları konusunda endişelenmeyin. Bir editörler kurulu gönderilen öykülerin özünü bozmadan varsa bu tür yanlışları düzeltecek.

Yazışma adresimiz:

HYB Yayıncılık
Bilkent Plaza A3 Blok 21-24
Bilkent, 06533 Ankara
Tel. (312) 266 55 66
Faks. (312) 266 55 77

Mutlaka sizin de başkalarının yüreğini ısıtacak bir öykünüz vardır!

Yaşamak, başarmak ve sevmek üzerine öğrenmek isteyeceğiniz her şey...

Öykü anlatmak, bazı değerleri öğrenmek ve yeni bakış açılarına kapı aralamak için en güçlü yoldur.

hyb yayıncılık...

Bilkent Plaza A3 Blok 21-24 Bilkent, 06533 Ankara
Tel: (312) 266 55 66 (pbx) - Faks: (312) 266 55 77

Dünyanın en Çok Okunan
Popüler Psikoloji Dergisi

Güncel Psikoloji

Psycology Today

Türkiye'de ve
Türkçe yayımlanıyor.

ABONE FORMU

Adı Soyadı :...
Adresi :...
Tel :(0)...

- Fiyatları telefonla öğrenebilirsiniz. ☐ VISA
- HYB Yayıncılık Ltd. Şti. Türkiye İş Bankası Çankaya, Ankara Şubesi 4238-0465503 no.lu hesaba yatırdım. Dekontun fotokopisi ektedir.
- HYB Yayıncılık Ltd. Şti. 888040 no.lu posta çeki hesabına yatırdım. Fotokopisi ektedir. ☐ EUROCARD MasterCard
- Kredi kartı hesabıma borç kaydediniz.

Kart Sahibinin Adı Soyadı	
Kredi Kartı No.	☐☐☐☐ ☐☐☐☐ ☐☐☐☐ ☐☐☐☐
Son Kullanma Tarihi	☐☐ ☐☐ Tarih : ..../......./200...

İmza

hyb yayıncılık... Bilkent Plaza A3 Blok 21-24 Bilkent, 06533 Ankara
Tel: (312) 266 55 66 (pbx) • Faks: (312) 266 55 77

Bu formu (312) 266 55 76 no.lu faksa da gönderebilirsiniz.